丛书编委会

斯金纳

李强　秦萍　著

大家精要

陕西师范大学出版总社

图书代号 SK17N0223

图书在版编目（CIP）数据

斯金纳/李强，秦萍著.—西安：陕西师范大学出版总社
有限公司，2017.5（2024.1重印）
　　（大家精要）
　　ISBN 978-7-5613-9057-3

　　Ⅰ.①斯…　Ⅱ.①李…　②秦…　Ⅲ.①斯金纳（Skinner,
Burrhus Frederic 1904—1990）—传记　Ⅳ.①K837.125.1

中国版本图书馆CIP数据核字（2017）第089893号

斯金纳　SIJINNA

李　强　秦　萍　著

责任编辑	宋媛媛	
责任校对	彭　燕	
封面设计	张潇伊	
出版发行	陕西师范大学出版总社	
	（西安市长安南路199号　邮编710062）	
网　　址	http://www.snupg.com	
印　　制	永清县晔盛亚胶印有限公司	
开　　本	650 mm×930 mm　1/16	
印　　张	10	
字　　数	100千	
版　　次	2017年5月第1版	
印　　次	2024年1月第2次印刷	
书　　号	ISBN 978-7-5613-9057-3	
定　　价	45.00元	

读者购书、书店添货或发现印刷装订问题，请与本公司销售部联系、调换。

电话：（029）85303879　　　传真：（029）85307864　　85303629

目　录

第1章

传奇多彩的一生

20世纪已离我们远去，提起那个世纪叱咤美国心理学界的头号风云人物，很多人自然会想起斯金纳（Burrhus Frederic Skinner，1904～1990）的名字。他不但是卓越的心理学大师，同时也是一位文学家、发明家和社会改革家，从某种意义上讲，更是一位思想家。斯金纳的目光所及已经远远超出心理学领域，涉及政治、经济、宗教、教育等诸多学科。他所建立的行为主义思想体系，实际上是一种哲学理论，而斯金纳的宏大志向是运用这一普世哲学来构建一个理想社会，从这一点上看，心理学史上很少有人能与斯金纳相比肩。从斯金纳所发扬光大的行为主义心理学主宰美国心理学界长达三十年，到行为主义心理学的衰退、认知心理学的崛起，他的一生，几乎跨越了一个世纪，而晚年的斯金纳仍然坚守行为主义立场，就在他去世前的几天，还在写作《心理学能够是一门关于心理的科学吗?》这篇文章，努力为行为主义辩护，希望能够将他的行为理论和文化设计付诸实践，从而使各种社会问题得以根本的解决。

1990 年 8 月 18 日，这位 86 岁的老人与世长辞，不无遗憾地告别这个世界。他的理想虽然没能完全实现，但这并没有使他的理论与思想在心理学史上所产生的深远影响黯然失色。斯金纳勤奋一生，著作等身，是心理学史上少有的多产心理学家，出版了十九本著作、一百一十多篇论文。从最初的文学梦到最终走入心理学殿堂，从行为主义心理学理论的集大成者到诸多发明创造，并将行为理论应用于教育、心理治疗等社会实践领域，从行为研究到改造社会，斯金纳的一生丰富而充满了传奇色彩。

一、早年的家庭

1904 年 3 月 20 日，斯金纳出生于一个叫作苏斯昆哈那的美国小镇——位于美国宾夕法尼亚州东北部。斯金纳在晚年写过一段不长的自传，在那里面他对自己的生活与学术生涯有一些回忆与描述："我年轻时的家庭环境是比较温暖安定的。"

斯金纳的祖父詹姆士·斯金纳是个英国人，19 世纪 70 年代迁居到美国，为了寻找一份心满意足的工作奋斗了一生，但直到去世时仍没有实现夙愿，于是，斯金纳的祖母望子成龙心切。斯金纳的父亲威廉·斯金纳最早在地方的铁路局当学徒，还做过绘图员，在母亲的期望与压力下，他不断通过努力改变自己的命运，在工作之余学习法律，最后终于成为当地一位小有名气的律师，一生勤奋，曾写过一本流行的书《工人补偿法》，翻印了四版，但仍被名誉所累，最终还是觉得自己无所作为。

斯金纳的父亲非常严谨。他的藏书颇丰，并且作为共和党人，还订阅了《费城杂志》。这些图书丰富了斯金纳的知识，熏陶了他的艺术细胞，而杂志上的漫画也启发了斯金纳制造各种小玩意。

斯金纳的外祖父出生于纽约州，二战后来到苏斯昆哈那成为一个木器厂的领班。其外祖母家属于名门望族，一位祖先曾在美国独立战争中成为华盛顿部队中的上尉。

斯金纳的母亲格莱斯·梅杰·伯哈斯美丽而且天资聪慧，很喜欢音乐，钢琴弹得很好，也有歌唱的天赋，是个女低音。她参加了镇里的合唱团，有婚事和丧事时就去唱歌。她经常唱的一首歌是 J. C. 巴特勒的《梦》，斯金纳后来还一直收藏着母亲手抄的这份歌词，歌词第一句是"亲爱的，昨夜我在梦里见到你……"后来，母亲还创作了一首出殡时用的宗教歌曲，斯金纳记得其中有一句是"救主耶稣，求你和我同住……"父亲也懂得音乐，曾在一个乐队里吹过小号，结婚后就不再吹了，虽然吹奏技术并不高超。斯金纳显然受到了家庭中音乐氛围的熏陶，他也在大概八九岁时练过一年的钢琴，但是由于钢琴老师过于严厉而停止了学习，开始学起了萨克斯管，并在父亲做法律顾问的铁路局的职工乐队里担任角色。他很喜欢集体演出，在中学时斯金纳还参加过学校里组织的爵士乐团。尽管尝试演奏萨克斯，但斯金纳对钢琴还是怀有感情的，他也时常弹起母亲经常弹的一些流行乐曲。一个家里的世交是钢琴教师，知道了这件事后，送给斯金纳一部莫扎特的第四奏鸣曲。斯金纳竟然靠自学将几首曲子弹得相当熟练，在每年的演奏会上都会给大家奉献这几首奏鸣曲，很受欢迎。

斯金纳的父母都行为严谨，恪守清规戒律，对斯金纳的要求也较严格。斯金纳记得有一次上小学二年级拿回家一份成绩单，上面"品行"一栏写着"常打扰别人"，这使得全家人都很惊慌，那种氛围让斯金纳印象深刻。斯金纳还记得，小时候母亲虽然允许他去自家房子旁边的公墓里玩，但总是一再强调不能踩在墓碑上，以致到了老年的斯金纳走在墓地里仍是"之"字形，以避免踩到地上刻着图案和文字的石板。母亲很珍惜书籍，不许斯金纳在上面乱画，或者折坏，以至于几十年后，每当斯金纳把乐谱摊开放在钢琴架上，还会因为弄折了书脊而心怀歉疚。

对于违反了这些清规戒律，父母的惩罚措施却不太一样。母亲有时会体罚，斯金纳记得小时候有一次因为自己说了一句坏话，母亲用肥皂水洗过他的嘴，而父亲从来就不用体罚，但他会用恐吓的方法。每年父亲都带斯金纳去参观当地的监狱，说一旦做了坏事，就会有这样的结果，这让斯金纳成年后仍然对警察怀有恐惧，当警察来推销舞会入场券时，他出于害怕每次都买好多张。

斯金纳有一个弟弟，名字叫爱德华，比他小两岁半。斯金纳还是很喜欢他的，母亲把两个孩子叫作"宝贝儿"，斯金纳也就学着母亲的样子，也称弟弟作"宝贝儿"，结果招来别人的取笑。上了中学以后，弟弟体育方面表现突出，这让他很受大家的欢迎。弟弟并不理解哥哥对文学艺术的追求，经常嘲笑他。弟弟16岁那年因患脑动脉瘤夭折了，当时的斯金纳并没有多悲伤，但后来为此事常感到内疚。斯金纳记得小时候有一次，他拿铁罐头盖做了一支箭，射向天空，而那支箭下来时正好落在弟弟的肩上，划破出血，这件事让斯金纳很内疚。多年以后斯金纳在读到莎士比亚的《哈姆雷特》中的一段诗时，感慨良多。诗是这样的：

我曾引弓放矢，射过屋脊，

却误伤了我的弟弟；

可这绝非我存心暗害，

望你千万不要在意！

斯金纳的家乡在一个河谷中，周围有十几里的丘陵。童年和少年的斯金纳与小伙伴们在山坡、河湾里游玩嬉戏。他在很小的时候就喜欢制作各种小玩意儿了，包括小推车、雪橇、木筏、跷跷板、旋转木马、滑梯、弹弓、弓箭、喷枪、飞机模型、风筝，甚至后来还尝试做滑翔机，还曾用几年的时间研制永动机，但最终没有什么结果。可是各种小发明、创造，已经初显出少年斯金纳的才华与天赋了。

二、中学时代

斯金纳的小学与中学时代是令他怀念的。他所在的学校是父母曾经就读过的学校，斯金纳非常喜欢这所学校。他的学习成绩很好，读完小学到中学全部十二年的课程后，到毕业时班里只有八个学生，斯金纳认真学习了中等数学，学得很扎实。斯金纳从那时就很喜欢科学类的课程，可学校的这些课程质量并不很高，于是他就在家里自己补习物理和化学。

在中学时代，对斯金纳影响最大的是一位叫作玛丽·格雷芙兹的女老师，她没结过婚，单身一人。格雷芙兹可以称作是斯金纳早年的精神导师。格雷芙兹的父亲是著名的植物学家，崇尚进化论，摩纳哥亲王曾写信欲与他交换植物标本。格雷芙兹并没有走父亲的道路，却是个热情的文艺爱好者。她还发起过一个叫"星期一文艺社"的组织，斯金纳的母亲也曾参加过这个组织。格雷芙兹在学校里教好几门课程，包括美术、英语、作文等。斯金纳记得在八年级时，格雷芙兹曾带领大家诵读莎士比亚的《称心如意》。可是，斯金纳偶然听到父亲说这部作品不是莎士比亚写的，而是一个叫培根的人写的，转天斯金纳就在班上与同学吹嘘了自己的发现，格雷芙兹当时否定了这个说法。为了弄清事实的真相，斯金纳当天下午就到城里公共图书馆查阅资料，发现了一本书《培根便是莎士比亚》，是爱德温·杜宁·罗伦斯所著。在书中，罗伦斯谈到了该剧本中两处隐喻，无疑是很有说服力的证据，于是，斯金纳据此与格雷芙兹展开了辩论。为了维护自己的立场，斯金纳还特意阅读了培根的几本传记和两部著作《进学篇》和《新工具》，仔细钻研了他的哲学理论。当时的斯金纳只有十四五岁，对培根思想的理解并不深，但这是他最早接触到培根，这位思想家对日后斯金纳的心理学理论与思想产生了深远的影响。

那时候，斯金纳对宗教有一些体会和感悟，但后来又不相信了。祖母给了斯金纳关于基督教最早的知识启蒙，她经常让斯金纳去看客厅烧得通红的炉火，告诉他说那就是地狱。后来斯金纳在一个江湖艺人那里看到青面獠牙的魔鬼，回到家一整晚都没睡好觉。处于青春期的斯金纳有一次很神秘的体验，那次他外出进城把表丢了，怕挨骂，很是沮丧，不敢回家。突然间，他悟到"乐极生悲，否极泰来"，顿时心中释然，高兴地骑车赶回家。奇迹出现了，他竟然发现了那只明明丢在城里的表。他简直无法解释这个现象，回到家立刻用紫色水笔模仿着《圣经》体字记录下来这段神奇的经历。但是，后来再也没有其他神秘事件出现。不到一年，斯金纳就告诉笃信基督教的格雷芙兹老师，他不再相信神了。尽管格雷芙兹说她也曾闯过这一关，可是斯金纳永远没有闯过这一关，终其一生对神秘的东西不屑一顾，而更倾向于科学取向，这奠定了他后来的思想基础。

三、汉弥尔顿学院

结束了中学时代，斯金纳进入了汉弥尔顿学院。当时选择这个学校没有任何特殊的理由，完全是因为一个朋友的推荐。斯金纳在大学里主修的是文学，并且开始了自己的创作，同时还广泛涉猎艺术，这些很大程度上是受中学老师格雷芙兹的影响。

在斯金纳入学时，汉弥尔顿学院办得并不好，课程很乱，但是，斯金纳却从所学的课程中受益颇多，这可能要归功于斯金纳的兴趣与好学。斯金纳主修英国文学，辅修的是拉丁系语言，选修了古典英语、乔叟著作、莎士比亚、英国复辟时期戏曲和浪漫派诗歌。此外，很有意思的是，斯金纳未改中学时对科学课程的兴趣，在大学一年级他还选修了生物学、胚胎学和动物解剖。

与中学时代一样，在汉弥尔顿学院读书期间，该学院教务长 P. 宋德士一家对斯金纳产生过重要影响。这家人的大儿子在一次校园事件中意外去世，宋德士的另外几个孩子没有上中学，而是在家补习功课报考大学，为此欲聘请一位数学教师，应数学教授的推荐，斯金纳成为这家孩子们的家庭教师。

宋德士的家位于校园外不远的一处大木屋，家里有一个很大的花园。宋德士的真正爱好是牡丹的杂交试验，春天花园里盛开着各种牡丹。宋德士还很喜欢乐器，他自己的小提琴拉得很不错，家里到处摆放着乐谱、乐器、书画、雕刻等，有时候还会架起望远镜，让大家观察木星、土星、火星等星体。宋家可谓高朋满座，一些作家、音乐家、艺术家时常被邀为客，每周还至少会举办一次音乐聚会。斯金纳很享受当时的那种艺术氛围，他时常躺在椅子上，边听名曲，边浏览先锋派的作品。宋夫人路易丝每年都招收一些学生在家里讲课，帮助他们报考大学。斯金纳在讲课之余，就与漂亮的姑娘们在林间小路散步，或者在火炉边品茶聊天，日子过得很是惬意，斯金纳不由得感叹宋家夫妇将艺术情调融入了生活。

天才骨子里都多少有些叛逆的成分，斯金纳也是如此，他喜欢搞恶作剧。斯金纳对汉弥尔顿学院的生活有很多不满之处，最主要的是学院的学术气氛并不浓，总是让学生参加一些没意义的活动，比如每周要参加礼拜，斯金纳对宗教那类神秘的东西很不以为然。一年级快结束时，斯金纳就写了一篇论文，批评学院不重视学术问题，总是让学生把精力花费在一些不必要的活动上。到四年级时，斯金纳开始公开反抗了。出于对当时的英语作文教授保罗·方彻尔的卖弄学问的反感，斯金纳决定捉弄他。于是，他印发一些传单散布假新闻，说是著名喜剧明星查理·卓别林要来学院演讲，主办人是方彻尔教授。这个消息还被登在校报上，结果可想而知，整个学院闹得沸沸扬扬，事态终于弄到不可收拾的地步。斯金纳还与学生们在出版物上发表讽刺和挖苦一些教授的文章，戏弄学院的演讲比赛，此外，还大闹毕业典礼，险些没拿到学位。

在汉弥尔顿学院攻读大学本科时期，斯金纳的理想是将来当一名作家。从小学时起他就开始尝试文学创作了，到了大学，在学习文学课程之余，他写更多的诗歌，还有几部小说，但是大四时仍然在学校选修了一门政治课，那是因为以备万一将来当不成作家，还是要听从父亲的意愿当一名律师时可以派上用场。这表明当时斯金纳的作家梦还不是很坚定，直到一次偶然的机会，他的三篇短篇小说得到当时著名的作家福洛斯特的肯定，他受到了极大的鼓舞，也便坚定了作家梦。

四、放弃作家梦

从汉弥尔顿学院毕业之后，斯金纳不顾父亲反对，打定主意要专门从事写作。父亲原来认为斯金纳应先当律师，以求谋生，再尝试着写些东西，但斯金纳明确了不会当律师的想法，父亲也就同意他先在家待一两年，专门进行写作。当时，斯金纳一家已经搬到了宾夕法尼亚州的斯克兰顿，斯金纳把家里的顶层阁楼布置好，成为自己专门从事写作的书房。在大学毕业后的一年里，斯金纳广泛阅读各类书籍，偶尔为一份地方报纸撰写幽默小品文。在这期间，他还出于爱好，制造一些小发明，弹钢琴，听收音机，日子过得自由清闲。可是斯金纳并没有写出什么像样的作品来，他变得越来越焦虑，甚至想要去看看心理医生，诊断自己是不是有什么问题，得什么病了。就在一年将结束时，终于有一份写书的工作找上门来，虽然不是什么文学作品，但这为斯金纳多少挽回了一些自尊，那是为煤矿公司写一本书，这本书要将各种上级决议提炼归类，以备律师查看。

斯金纳写完这本书后，决定要外出走走，换个环境去体验生活，他觉得这样也许会对写作更有帮助。于是，他到了纽约的格林尼治村，在那里生活了半年。这半年时间里，斯金纳找到一份在书店的工作，他因此也结交了一些不错的朋友。朋友们经常聚会，周六的晚上大家会聚在一起喝甜酒。夏天，斯金纳又到了欧洲，在巴黎，斯金纳结识了几个爱好文学的青年，当时的巴黎到处都是文学爱好者。这段时间，斯金纳走出书屋，旅行与交友，让他渐渐明白了一件事，那就是他知道自己是当不成作家的，原因是他没有什么重要的事要讲。而且，虽然斯金纳对人类的行为抱有极大的兴趣，但是，文学的描述方法不能解释清楚人为什么会有各种行为，他想找到人行为背后的原因，而文学只是描述，并不提供解释，这与斯金纳的真正旨趣相距甚远。就此，斯金纳彻底放弃了作家梦。

五、踏上心理学之路

在欧洲度过夏天后，斯金纳就回到了纽约，决定秋季进入哈佛大学读心理学专业的研究生。这种从文学到心理学的转变似乎太快，好像有某种偶然因素在起作用，但事实上，这与斯金纳长期以来与心理学的结缘与积累有关，有一些事促成了这种改变。

作为后来以动物实验为主要研究方法的行为主义心理学家，斯金纳从小就对动物感兴趣，家里并没有养猫或狗等小动物，但是斯金纳很小的时候就经常捕捉鱼、青蛙、蛇、松鼠、蜥蜴等，对马术也很着迷，曾读过一些训练小动物技巧的书。斯金纳在自传中还清晰描述了早年在集市上观看过一场鸽子救火表演的情景：

有一次我在一个县的市集上看到一场鸽子救火表演。布景是一座楼房的正面，屋顶浓烟滚滚。楼上有一只雌鸽把头伸出窗外，好像是呼救样子。于是有一队鸽子拖着一部突突冒烟的救火机上台。还有一些戴着红头盔的鸽子乘坐在救火机上，其中有一只用嘴衔着绳子打响铃铛。忽然有一部梯子架到墙上。一只救火员鸽子爬上梯子，最后把窗口那只遇险的鸽子带回到地面。

人类的各种行为也使斯金纳产生好奇心，他努力思索着这些行为背后的原因。对斯金纳来说，对心理学的最初兴趣来自于哲学。在中学时，他就写过一篇论文，叫作《世界新原理》。在汉弥尔顿学院读大学期间，斯金纳虽然主修的是文学，而且未来的发展道路也选定了作家之路，但在这期间，他也接触了一些心理学的书籍与思想。在阅读文学作品时，斯金纳对其中所包含的心理学内容十分关注。比如，他在读法国意识流作家普鲁斯特的《追忆似水流年》一书时，对感觉、记忆这些词斯金纳是从另一个角度去理解的。他后来读了帕森关于感觉的书，但并没因此成为完形派或认知派心理学家，对此他感到很庆幸。其实，斯金纳最感兴趣的是书中的自我观察法，斯金纳曾花很多时间自我观察，并作了许多记录。

在汉弥尔顿学院时，斯金纳已经开始接触行为主义心理学了。当时的生物学教师莫雷尔为斯金纳打开了另一扇门，莫雷尔介绍他读雅各·洛布的《脑生理学和比较心理学》，还有巴甫洛夫的《条件反射》。此外，斯金纳还读了罗素的《哲学原理》、华生的《行为主义》等。因此，当他放弃作家梦，不久便决定到哈佛大学转读心理学就不令人感到惊奇了，心理学已经开始在斯金纳的心里扎下根来。

在进入哈佛大学之前，斯金纳的知识体系还是相当杂乱的，他还不知从何处进行深入的学术研究。在这方面，哈佛大学的课程也没给斯金纳带来多少启发，倒是一些人物对斯金纳产生了重要影响。当时有两位研究生都是行为主义者，一个是凯勒，他是塔夫特大学的教师，在哈佛大学进修心理学；另一个是特鲁布拉德，他整天身穿白大褂，脚踏胶靴，手提老鼠笼子在走廊和实验室来回走的形象令斯金纳印象深刻。另外，因为特鲁布拉德也是从文学转向心理学，这让斯金纳感到信心和力量倍增。

在哈佛大学，斯金纳的导师是著名的心理学家波林。斯金纳认真学习了心理学方法、变态心理学和法语、德语等课程。他当时的法语已相当熟练，可以阅读文章，为了拓展视野，斯金纳还学习了德语。虽然课程没给斯金纳带来太多的启发，但哈佛大学自由的学术氛围为这位日后的心理学大师创造了良好的条件。系里每周都有一次专门的讨论会，让学生们可以平等地与教授辩论和交谈。这的确进一步强化了斯金纳的创造性。

斯金纳在学术研究中的勤奋和执着是从哈佛大学开始的。由于是半路出家进入一个新的学科，所以，他始终有一种紧迫感。为了尽快在心理学领域中能赶上别人，也能够有所收获，他为自己制定了相当严格的作息表。可以说，每天除了吃饭、睡觉，就是学习了，包括课堂、实验室和图书馆，他几乎谢绝一切娱乐活动，差不多每分钟都排得很满，这个计划斯金纳整整坚持了两年。在这两年中，斯金纳在生理学和心理学等方面打下了扎实的基础。

两年刻苦的钻研与学习使斯金纳渐渐找到了研究的方向。他的博士论文是关于反射理论的，在这篇论文中他将进食速率、内驱力与反射强度等内容结合起来。这时他的研究旨趣已经是行为主义的了，导师波林教授对此有些不同意见。

斯金纳为了表示自己的谦逊，请导师不吝赐教，特意引用了一段英国诗人胡德的诗：

> 她俯首承认自己的软弱，
>
> 承认自己的罪行，
>
> 温驯地把犯下的过错，
>
> 由救主任意裁决。

结果波林最终还是同意让斯金纳参加答辩。1931 年，斯金纳获得了哲学博士学位。在博士论文中，斯金纳系统研究了反射这种现象。他指出，反射就是刺激与反应间的一种相关，并提出一个公式：$R=F(S)$。这个公式表明了他与华生的行为主义相同的立场，在刺激与反应间，或在刺激与反射间，没有任何中间变量。

六、学术生涯的鼎盛时期

从硕士到博士，斯金纳已经开始了心理学的学术研究，只是在博士毕业后，他将心理学的学术研究正式作为自己的职业与事业了。博士毕业后，斯金纳被允许留在哈佛大学自己的实验室里工作，到 1931 年，他还得到了学校的资助进行研究。此后，斯金纳继续研究有机体的中枢神经系统，当时著名的生理学家克劳哲非常欣赏斯金纳，有意鼓励他加入生理学的研究队伍，为他提供了一个实验室。斯金纳并没有转向生理学，而是继续他的行为主义心理学的研究道路。他把研究动物的全部实验设施都搬到了那个新实验室，在那里从事了五年的研究工作，从 1932 年至 1937 年。在实验中，斯金纳发明了一种专门用于动物实验的箱子，后人把它叫作"斯金纳箱"。通过"斯金纳箱"，斯金纳做了大量关于动物的实验，发现如果箱子里的小白鼠最初偶然地按压杠杆的动作给它带来了食物，那么之后它按压杠杆的动作就会增加。斯金纳由此得出结论，动物的行为不仅是因为先前的刺激所引起的，更多的行为是由于行为的结果所决定的，如果这种行为受到奖励，那么，它再次出现的概率就会增加。这其实就是斯金纳操作主义行为理论最核心的内容。

由于出色的才华，1934 年，斯金纳被聘为哈佛大学研究院的研究员。在这个阶段，斯金纳通过动物实验系统研究了有机体的行为。他指出，只要对环境加以控制，就可以发现有机体行为的规律。1938 年，他出版了《有机体的行为》一书，这本书是斯金纳行为主义理论体系的基石。在这本书中，他指出，心理学的研究对象只能是行为，不涉及任何内部心理过程，只有这样，心理学才是一门真正的自然科学。同时，他还提出了"强化"的概念，系统总结了与华生行为主义所不同的另一类行为即操作行为的发生规律。

1937 年，斯金纳结束了在哈佛大学的研究员的工作，开始到明尼苏达州大学任教，为大学本科生讲授大学心理学。虽然斯金纳自己并没有学过这门课，几乎是边学边教，但这门课讲得还是很成功的，当时许多学生继续攻读心理学的硕士和博士学位，还有一些学生从别的专业改行学心理学，这对斯金纳来说，是最强有力的"强化"了。

斯金纳一边教学一边从事着学术研究工作，他在实验室中研究不同环境下老鼠、鸽子等动物的行为规律。此外，他依然保持对言语的研究兴趣。在斯金纳看来，言语是一种行为，这种行为也有其自身规律。斯金纳虽然已经从文学改行学心理学，但从没有完全放弃文学。当他逐渐构建自己的行为主义理论体系时，将文学看作行为分析的一个分支。对言语行为的关注与研究也多少与他对文学的兴趣有关。

在斯金纳的自传中，他详细讲述了几个言语行为的例子，可见这些事例给斯金纳留下了多么深刻的印象。一个例子发生在斯金纳很小的时候，他的祖母爱唠叨，每当有客人来时，她总是重复那几件逸事和相同的评论。斯金纳在自传中谈道："我从未见过比这更可预测的言语行为了。"

另一个例子与斯金纳中学时的校长鲍尔斯教授有关。他讲课时很容易跑题，一点刺激都可以使他偏离主题，但最后总会略带歉意地回到主题上来。斯金纳曾经详细记录下他跑题后所涉及的题目，有一次吃惊地发现鲍尔斯教授最终回到的主题发生了偏移。

还有一个与言语行为有关的神奇事件，发生在斯金纳的实验中。那是一个星期日早晨，斯金纳正在实验室里工作，他突然听到实验机器里发出一种有节奏的声音，而他自己情不自禁地加入到这个节奏中，跟着默念出："你再也出不去了，你再也出不去了，你再也出不去了。"据此，斯金纳编制了一种音标系统，当他给被试者念时，竟可以使其产生幻觉。

斯金纳对言语行为的研究持续了二十五年，直到 1957 年，他出版了《言语行为》一书，作为对言语行为研究的全面总结。

在明尼苏达州大学任教期间，除了对有机体的行为进行实验研究外，斯金纳已经开始考虑将行为理论应用到实际生活领域了。1936 年，斯金纳与布卢结婚，婚后生有一女孩。为了简化照料工作，同时也看到传统的育儿方式把婴儿裹得很紧束缚了身心的发展，斯金纳打算制作一种空气自动调节育婴床。在这个床里，严格说是一个箱子里，温度是可调节的，婴儿就不必穿着厚厚的衣服，只穿尿布或很少的衣服，可以自由活动。结果，这种育婴床的研制大获成功，不但成为斯金纳女儿的新式小床，也被推广到当时的许多美国家庭。

此外，斯金纳尝试将行为理论用于社会生活的各个领域，他认为自己的行为控制理论是解决当时各种社会问题的根本出路。出于对文学的兴趣，他开始着手写一部小说，这就是后来出版的《沃尔顿第二》，在书里他描绘了一个用行为控制理论来治理的理想社会。

斯金纳在明尼苏达州大学的任教持续到 1945 年，后来他又转到印第安纳大学担任心理学系的系主任。斯金纳虽然担任了行政职位，但仍继续他的行为研究，他经常召开一些集体讨论会，作为集体智慧的结晶体现在后来出版的《科学与人类行为》一书中"自我控制"一章。斯金纳也继续在实验室里与鸽子为伍，主要研究成果被收录到 1950 年出版的另一本书《学习理论有必要吗》中。

这时，斯金纳已经成为行为主义阵营的主帅了。他与同行的交流日渐深入，他们一起携手在整个心理学学术研究中倡导行为主义。斯金纳的《有机体的行为》一书被一些心理学同行采纳为研究生的教材。他还与凯勒发起和组织了几次有关行为研究的年会。后来，他们商定每年定期召开会议，并将其归入美国心理学会的分会。斯金纳还与同行们成立了一个出版社，虽然不大，但足可以创办杂志，《行为实验分析杂志》就这样创刊了。

1947年，斯金纳又回到哈佛大学心理学系，被聘为该系的终身教授，这样，斯金纳的行为及其控制的实验研究进入鼎盛时期。当时，斯金纳的实验几乎全部用鸽子作实验品，所以，专门成立了鸽子实验室。接下来的五年，斯金纳与费尔斯特合作进行鸽子实验。在融洽的合作氛围中，他们都投入了饱满的精力与热情，换来了可喜的回报，几乎每周都有新的发现，这段时期，可谓是斯金纳学术研究的黄金时期。20世纪50年代与60年代初期，斯金纳与一些优秀研究生积累了丰硕的研究成果。

斯金纳并没有将目光局限在实验室，他始终关注着人与社会。他的全部行为理论的研究的最终目的，是为了能在人类的实际生活领域解决问题，因此，早在20世纪30年代，他就开始思考将其行为理论应用到社会领域中。斯金纳最早关注的是儿童教育，曾经打算写一本书《一些值得思考的问题》，但由于各种原因始终没能出版。

50年代，斯金纳在女儿所在小学旁听课程时发现当时教育领域中存在的许多弊端，很多情况下违反了学习的法则，导致了低效果低质量的教学。于是，斯金纳研制了一种教学机器，并进而在美国教育界掀起一场规模不小的"教学机运动"。

此外，斯金纳还在心理治疗等领域推广行为控制理论，今天还广泛应用在心理治疗领域的行为矫正技术其原理就是斯金纳的操作主义行为理论，或称为强化理论。

尽管非议与责难不断，但斯金纳所倡导的行为主义心理学受到越来越多的肯定与认同，逐渐成为美国心理学界的主流心理学派，从20世纪30年代至50年代，统领了近三十年。

七、勤勉耕耘的晚年

20 世纪 50 年代后期,随着认知心理学派的崛起,行为主义开始走向衰落。晚年的斯金纳却立场坚定,仍然倡导行为主义的理论。他开始思考将行为控制理论与经济学、宗教、政治学、语言学、精神病学、教育学等整合起来,俨然是人类社会文化的设计师。作为思想家,他的视野是关乎整个人文科学和整个人类社会的。

可以说,从斯金纳提出操作行为理论开始,就有相当多的反对意见,到了 20 世纪 50 年代后期,随着行为主义进入低谷,这种声音更加强烈了。为了驳斥这些反对意见,让更多的人接纳行为主义,在这个阶段,斯金纳写了一些书与文章,包括《行为分析》(1961)、《强化相倚联系理论分析》(1969)、《超越自由与尊严》(1971)、《关于行为主义》(1974)、《关于行为主义和社会的沉思》(1978)等。

晚年的斯金纳住在马萨诸塞州剑桥的拉赫芒特地区,离哈佛大学约两英里处,有一所农舍式的房屋。斯金纳的书房不大,一边摆放着一张长书桌,另一边也是一张桌子,在桌子旁边是一座时钟。每天早上五点,斯金纳都随着钟声起床,来到书桌旁,进行两小时的工作,二十年来从不间断。书房里还有一个立体声音响,斯金纳在休息时经常会听德国作曲家瓦格纳的作品。1990 年,在美国心理学会第九十八届学术年会上,斯金纳发表了关于行为主义的演讲,回到家,这位 86 岁的老人就在忙着关注同行们的反应,并写信作答。他将自己的行为理论遭到人们尤其是认知心理学家的反对比作 19 世纪世人拒绝接受达尔文的进化论，意在向世人宣告，他的理论终将被人们接纳并付诸实践。1990 年 8 月 17 日，那是斯金纳逝世的前一天晚上，他还完成了一篇论文《心理学能够是一门关于心理的科学吗》。转天，这位心理学大师永远离开了这个他忧患着的、深爱着的世界，心理学界的一颗耀眼的巨星陨落了。

第2章

文学家
——文学梦与文学情结

斯金纳是心理学界泰斗式的人物，被世人认为是受到严格行为主义训练的他可谓奇才，因为他还有艺术性的一面。从少年时的文学梦，到成名之后的小说《沃尔顿第二》畅销，斯金纳其实还真称得上是一位文学家。

一、陶醉于书的世界

斯金纳所出生的小镇位于丘陵地带的河谷中，风景优美。斯金纳的童年是色彩斑斓的，这从他的自传中可以看出来：

苏斯昆哈那现在已经衰落了。就是从前也不过是一个很脏的车站小镇。可是它坐落在美丽的河谷。我跑遍了周围十几里丘陵山地。初春时节，采摘石南子和山茱萸，嚼着擦树根、鹿蹄草莓和滑榆皮，捕杀响尾蛇，寻找从前原始部落遗留下的石箭镞。我同另一个小伙子在河边山坡上盖起了一个窝棚。我们还用草皮和石块垒起一道堤埂，堵住小河，造成一个小小的河湾。我们便在里面练习游泳。水里还有一条有毒的蛇与我们做伴。有一次，我和四个男孩驾着三只独木舟沿苏斯昆哈那河顺流而下，漂流了300英里。那时我才15岁，在我们那一伙中是最年长的。

按照斯金纳的行为主义理论，他之所以成为文学家，是因为环境让他成为文学家。在山野中、草地上、河流旁奔跑玩耍的孩子，似乎比在城里长大的孩子更有灵性。童年的斯金纳生活在大自然的怀抱里，其诗情与诗性得到了最初的孕育。

除了自然环境，家庭环境的影响对其成为文学家也是不可或缺的。斯金纳的父亲威廉·斯金纳是一名成功的律师，他非常希望儿子能子承父业，但斯金纳偏偏对做律师不感兴趣，他更受到母亲的影响。母亲格莱斯·梅杰·伯哈斯多才多艺，歌声优美，曾多次登台演出，差点走上音乐的道路。她曾经当过铁路部门的秘书，后来因当地的风俗，结婚后就不再工作了，音乐也只成为业余爱好。母亲还喜欢读书，对书籍爱惜有加，她教育斯金纳要"敬惜书籍"，对此，斯金纳在自传中谈道："直到现在，如果我把一部乐谱的书脊压折，以便把它铺开放在钢琴架上，我还不由得感到心有内疚。"

对书敬畏是一方面，喜爱是另一方面。斯金纳从小就接触到许多书，家中的藏书可谓丰富。斯金纳的父亲倒不是因为喜欢读书才买书，而是觉得作为律师，与城里的大户人家交往时，家中藏书丰富显得比较体面。他曾说过："我们和城里某些大户人家有交往，应该像个样子。"童年的斯金纳时常徘徊在高高的书柜下，低头把自己埋在厚厚的书本中，由此他开始喜欢上了读书。他对文学的兴趣越来越浓了。当时，家中多是些大部头的书，如世界文学名著、世界历史丛书等等，还有一套应用心理学方面的书，但年幼的斯金纳还读不太懂这些巨著。他非常喜欢读一些小书，他在回忆录中说：

> 孩提时代，我拥有两个世界。一个是我所居住的世界，那是一些我的父母念给我听的书，谈的是有关人、动物，以及一些别人所讲的故事。另一个是外部的世界。这个世界所说的事情是不同的和比较好的。
>
> ……
>
> 在另一个世界中有一本书是关于动物的战争的。其中提出了一个观点：狮子是兽中之王。我接受了这个观点。

拥有了书，斯金纳发现了父母亲之外的另一个世界，那是让他充满了好奇具有吸引力的未知世界。为了可以专心读书，具有非凡动手才能的斯金纳，10岁便开始为自己制作了"藏身箱子"。他自己可能都没料到，这就是他未来"箱子世界"的第一个箱子，其实就是他的小书房，那是个类似柜子一样的藏身之所，外面有布帘挂在开口处，里面摆放一个小小书架，并且配了蜡烛，这样，他就可以不受干扰地读书、思考、写作了。小小的文学爱好者就是这样度过了自己快乐而充实的童年时代。

二、文学社的活跃分子

父亲藏书的书柜和自己读书的小书房，让斯金纳的童年被文学作品所包围，而让这文学梦的星星之火得以燎原的，不是斯金纳的父母，而是他中学时代的一位老师玛丽·格雷芙兹。

斯金纳坦言，格雷芙兹是其一生中的重要人物，这位热爱文艺的老师可谓斯金纳中学时代的精神导师。格雷芙兹老师教斯金纳好几门课程，包括美术、英语阅读和写作。她不但授课，还组织文学社团，叫作"星期一文艺社"，斯金纳的母亲也曾参加过这个社团。大家经常聚集在文艺社诵读、谈论文学作品，斯金纳记得曾经整整一个冬天他们都在诵读易卜生的《玩偶之家》。他在回忆录中讲道：

> 记得我在中学时，有一次格雷芙兹老师带着神秘莫测的口气偷偷地对我说：我正在阅读一本最最好玩的书，书名叫《吉米老爷》。
>
> ……
>
> 可能是受到格雷芙兹小姐的熏陶，我在大学主修文学，并开始写作，对艺术方面也稍有涉猎。我对绘画和雕刻都不怎么高明，却也搞得津津有味。

中学时代，教师对学生的影响往往超过了父母的影响，可以看出，在斯金纳的成长过程中格雷芙兹老师举足轻重的作用，这位老师对斯金纳价值观的确立、独立精神的保持与创造力的发掘都有不可替代的作用。这段日子，斯金纳陶醉在文学的怀抱里，并且开始创作文学作品。当时很难得的是，斯金纳拥有一台老打字机和一部小型的印报机，他的作品包括诗歌、短篇小说，被打印出来，成为斯金纳最早的珍贵作品。斯金纳在回忆录中写道：

> 我写过一两篇小说，充满着柯乌德式的伤感，内容大致是描写一位名叫皮埃尔的用捕兽机捕捉野兽的人和他可爱的女儿住在美国早期宾夕法尼亚州森林里的故事（至于他们怎样从科贝克来到这里我当时认为

无须解释）。在中学时我替当地的地方报《转载》工
作。每天早晨上学之前我常常从宾厄姆顿的各种报纸
上抄录国际国内新闻。这些报纸都是由早班火车送来
的。有时我还写篇特写或仿效埃德加客的方式刊登一
篇诗歌之类。

三、曾一度想成为作家

中学受到文学熏陶的斯金纳，进入大学后毫不犹豫地选择
主修文学，尽管父亲希望儿子读法律，但斯金纳已经有了独立
思考，他要按照自己的意愿去生活。

斯金纳就读的大学是坐落在纽约州克林顿市的汉弥尔顿学
院。虽然他选了许多门课程，包括生物学、胚胎学、动物解剖
等，但主修的是英国文学。据他自己讲，他选读过古典英语、
莎士比亚的作品、英国复辟时期的戏曲和浪漫派诗歌，同时辅
修拉丁系语言。

与中学一样，大学教师同样对学生产生了重要的影响。汉
弥尔顿学院的教务长 P. 宋德士一家人促成了斯金纳作家梦的
形成。宋德士在学院里教的是化学，但他喜欢交际，在他家里
经常举办沙龙，有一些作家、音乐家、艺术家出席，斯金纳常
常参加。在宋德士的家里，也有相当多的文学作品供斯金纳来
阅读。他这样回忆那段生活：

> 有时我躺在安乐椅上，一边欣赏舒伯特或贝多芬
> 的音乐，一边翻阅着先锋派的文学作品《蔽帚》或斯
> 拉庞德的《书札集》。记得我还看过乔治·安泰尔的
> 《机修工芭蕾舞》。宋家夫妇简直把生活当作一种艺术

来享受。这是我过去认为办不到的。

大学时代的斯金纳，受到了正规的文学专业的训练，在读书的同时，也继续他的创作尝试。他的许多诗歌都公开发表了，有一首是这样写的：

邪 欲

一个老翁，在地里播种，

步履艰难，动作缓慢。

他从自己生命之蕊中撒下一把把种子，

用播种的手势抚爱着田野的微风。

夜晚，他屏息停步，

小声地对世俗的伴侣说：

"爱情弄得我困顿不堪！"

斯金纳当时还很喜欢模仿莎士比亚的十四行诗，一次，沉浸在爱情中的他一口气写了五六首十四行诗，韵律和节奏都处理得很好，感受到诗歌之美的斯金纳兴奋异常。

除诗歌外，斯金纳也继续小说的创作。大学三年级末的那个夏天，斯金纳在怀俄明州的密得伯利英语学校听课时，选修了格斯的课。格斯在一次请客中，为斯金纳介绍了当时著名的作家福洛斯特。福洛斯特让斯金纳把写的东西寄给他看看，转年斯金纳收到了福洛斯特的评论信，这些评论信后来被收录到《福洛斯特书信选》中。这对斯金纳是一种莫大的鼓励，他颇有了些成就感，也更坚定了他的文学梦，他要当一名作家。

大学毕业，斯金纳不顾父亲的愿望，没有去当律师。父亲本来对斯金纳抱有许多希望，在他出生时就在当地报纸上刊登广告，将斯金纳作为他自己律师事务所的成员，为此他的律师事务所取名为"威廉·A. 斯金纳父子法律事务所"。尽管斯金纳在大学四年级时还选修了一门政治课，以备将来可能当律师用，但在他大学毕业时，却愈加坚定放弃法律了。于是，斯金纳在书房里，开始他的写作生涯。一年中，他写了一些小品文，发表在地方报纸上，后来写了一本名为《无烟煤调解处决议文摘》的书，可是并没有像斯金纳所希望的那样，写出惊世之作，让世人刮目相看，甚至只刚刚让他能够谋生。

斯金纳在文学之路上艰难前行时，慢慢觉得成为专职作家的前途是那么渺茫。从小受到文学熏陶的斯金纳最终并没有走上文学之路，不是因为他耐不住寂寞，不能潜下心来去创作，真正的原因在于，他越来越发现，文学的世界离他的内心最深处那个世界其实有一定的距离：文学不能解渴，文学只能描述现象与行为，并不能找到现象与行为背后发生的原因，而后者正是斯金纳的真正兴趣所在。当心理学向斯金纳走来时，他好像开始看清了自己，明确了自己的志向。他作了一个决定，放弃多年以来的文学梦，改学心理学。

在斯金纳看来，心理学更加吸引人，它不仅能描述，更能揭示现象与行为背后的原因，并且进一步影响和改变现象与行为，它是多么神奇和有意义的领域啊，这比任何其他领域都有魅力。斯金纳预感到，他终于发现了一个世界，一个他为之追索和奋斗了一生的心理世界，也是使他名扬天下、载入史册的世界。

斯金纳这样解释他放弃作家梦转而探索心理学的选择：

我当不了作家，因为我没有什么重要的事情可讲。但我当时不能接受这种解释。一定是文学本身有什么过错。和我在中学一起打过网球的一个姑娘——一个虔诚的天主教徒，她后来当了修女。有一次她引用切斯特顿关于撒克里所写的一个主人翁的说明：
"撒克里并不知道她会喝酒，但她的确会喝酒。"我把
这个原理普遍应用于全部文学上面。一位作家可能准
确地描绘人类的行为，但是他并不因此就能理解人类
的行为。我还是保持对人类行为的兴趣，但文学描写
的方法却使我感到失望；我宁可转用科学的方法。他
有一次告诉我说："科学是 20 世纪的艺术。"心理学
恰好就是他所说的那种科学，虽然当时我对心理学的
含义只有一种十分含糊的理解。

四、以小说承载救世梦

20 世纪 40 年代，斯金纳已经成为颇具影响力的心理学家，
其行为控制理论日渐成熟。此时，他不满足于用心理学的语言
与术语去表达其理论与思想，希望找到更好的方式去影响世
人，从小习得的文学修养与大学期间的专业训练，使他自然而
然想到了文学。斯金纳欣喜地看到：文学不失为一种理想的载
体，这种通俗生动的形式可以让普通的民众了解和认同他的思
想。他可以通过这种方式广泛传播他的行为心理学。

20 世纪 40 年代，二战后的美国正值各种社会问题多多、
危机四伏的时代。斯金纳将其心理学理论视为一剂良方，认为
可以医治当时的社会百病。就这样，满怀着激情，斯金纳投入
了文学创作。1948 年，花费了三年的时间，斯金纳的小说《沃
尔顿第二》面世了，当时的销量还并不乐观，但十多年后终于
成为畅销书。

在这部书中，斯金纳按照自己的心理学思想与理论，描绘

了一个世外桃源——沃尔顿第二，那便是斯金纳心目中的理想社会。在那里，人们安居乐业，各种社会问题得到解决，当然，这些都要归功于他的行为控制理论。

由于脱离于当时美国的现实社会，《沃尔顿第二》可谓一部乌托邦式的小说，所不同的是，斯金纳的幻想不是凭空想象出来的，而是有据可依的，那就是其心理学的理论，他所做的不过是按照这样的理论去描绘一个人类社会的蓝图。

《沃尔顿第二》通过身为大学教授的伯利斯应校友弗雷泽之邀去参观一个名为沃尔顿第二的地方，向读者展现了这个奇特的社会。

沃尔顿第二位于美国一个大城市的郊外，是个类似于小镇或乡村的地方，周围有农田和池塘，自然风光优美。在这个社会里，一切都那么和谐，大家合作住房，没有有闲阶级，没有酗酒，没有犯罪，没有失业，学校教育不设科目，鼓励学生的创造力，反对竞争，人们不会为了金钱与名利工作，工作之余有足够的时间娱乐休息，做自己喜欢做的事，人们大多健康，很少得病，人们的道德水平普遍很高。在沃尔顿第二这个公社里，生活是快乐而充实的，而这些都是通过强化行为控制技术与文化设计实现的。

不难发现，这个沃尔顿第二有些乌托邦的色彩，令人向往，却也充满了争议，人们对此褒贬不一，但从这部小说至少可见斯金纳的文学情结与文学功底。斯金纳不愧是一位文学家。

第 3 章

心理学家

——功绩永载心理学史册

　　斯金纳是行为主义心理学的毋庸置疑的领导人和战士，他的工作对美国现代心理学的影响，大于历史上任何其他心理学家的工作，甚至大多数批评他的人们也不得不承认这一点。

　　　　　　　　——舒尔茨（美国心理学家、心理史学家）

　　斯金纳是我们学科的巨人之一，在心理学上留下了永恒的烙印。

　　　　　　　　——福勒（《美国心理学家》杂志的主编）

　　斯金纳的一生丰富多彩，尽管他多才多艺，曾立志成为一名作家，但最终还是被心理学的魅力深深吸引，将毕生奉献给了心理学。他所创建的操作行为主义（operant behaviorism）理论体系，对美国乃至全世界心理学产生了深远的、不可替代的影响。"心理学家"无疑是斯金纳一生所扮演的最重要、最出色的角色。

　　在心理学漫长的发展历史中，三大流派举足轻重，这就是精神分析、行为主义与人本主义心理学。而以华生、斯金纳为代表的行为主义，对心理学的影响是相当深远的，被称作是心理学史上的第一场革命，也是心理学的第一势力。

作为新行为主义的代表人物，斯金纳继承并发展了约翰·布鲁德斯·华生的古典行为主义理论，使行为主义理论不断趋于完善，成为新行为主义的代表人物。行为主义心理学从20世纪20年代到60年代，统治美国乃至世界的主流心理学长达半个世纪，而行为主义引来的争议与其功绩似乎等量齐观，尤其是60年代认知心理学和人本主义心理学的崛起，使行为主义遭到广泛的批评与严峻的挑战。但不可否认的是，行为主义无论是作为一种流派，还是一种方法论，都是研究人类心理与行为不可缺少的一个视角。此外，斯金纳非常注重心理学在实践中的应用，他的研究推动了应用心理学的发展。他将行为主义理论应用于教育和心理治疗等领域，取得了突出的成绩，其所提出的"程序教学"曾风靡美国，给后人许多有益的启示，而他的行为矫正技术后来也发展成为心理咨询与治疗的基本技术之一。

在斯金纳丰富多彩的学术生涯中，著作等身，是心理学界少有的高产学者，他一生共出版十九本著作、一百一十多篇论文。成就非凡的斯金纳，也是心理学史上最具争议性的人物之一。尽管受到许多批评和非议，但诸多奖励足以让他骄傲自豪、荣耀此生了。斯金纳曾任美国心理学会会长，1958年获美国心理学会授予的杰出科学贡献奖，1968年获美国政府授予的最高科学奖励——国家科学奖，1971年，美国心理学基金会授予他一枚金质奖章。

就在斯金纳离世的1990年，适逢美国心理学会第九十八周年会议，美国心理学会授予他心理学毕生贡献奖。颁奖会的贺词中讲述到斯金纳的贡献是：

1. 把行为视为一个自足的主体，不是作为内部心理事件的反射。

2. 认为行为不需在观察到的不同水平上用不同的术语描述和不同的维度测量，而是用不同的强化程序加以控制，可以预测。

3. 根据这些基本事实将行为理论推广于人类言语行为和应用技术。

4. 最后为行为主义哲学——一种新的认识论作了概括。

这些奖励从一个侧面见证了斯金纳在心理学领域的卓越成就。让我们走进斯金纳的操作行为主义理论中去领略一下大师的思想与风采。

一、行为主义心理学

斯金纳的操作行为主义，也叫作新行为主义心理学，或激进行为主义。要想了解斯金纳的新行为主义，还得从华生的古典行为主义心理学谈起，而这又要追溯到行为主义心理学。行为主义心理学的出现是心理学史上的重大革命性事件，它所带来的不仅仅是一种理论流派，更是一场观念上的变革。这是因为，行为主义心理学关于心理学的研究目的、对象、方法等这些心理学的基本问题的观点，都与传统心理学大相径庭。

行为主义心理学是一场革命

从远古时代，人类一直对自身的心理与行为感兴趣，他们在思索心理是怎样活动的，人为什么会有这样或那样的行为，这些最早都是古希腊哲学家思考的严肃问题。然而，直到 19 世纪晚期，心理学才开始脱离思辨的哲学。西方现代心理学产生于 19 世纪 70 年代的德国，1879 年，德国心理学家冯特在莱比锡大学建立世界上第一个心理学实验室，这个具有划时代意义的事件，标志着西方现代心理学的诞生。在此之前，心理学一直包含在哲学中，直到冯特提出用实验的方法研究心理学，才使得心理学从哲学的母体中分离出来，独立成为一门科学。在此后相当长的一段时间内，心理学家主要是用内省的方法研究心理尤其是意识。内省主要指自我观察法，是对所感所思所想等心理活动用口头报告的方法讲出来。直到 20 世纪早期，心理学史上发生了第二次具有划时代意义的转变，那就是心理学家将重心由人的意识转移到人的行为，开始广泛用实验、观察等客观方法研究人类的行为。

从 17、18 世纪英国经验主义到 19 世纪德国实验主义，人们几乎未曾怀疑过研究个体内部心理活动的合理性，但到了 20 世纪初这种传统的观念开始受到越来越多的质疑和挑战，有一些学者开始主张放弃意识而以行为作为心理学的研究对象，放弃内省法代之以客观法作为心理学的研究方法。尽管英国心理学家麦独孤和德国心理学家匹尔斯柏立都已提出心理学应研究行为，但具有相似观点的学者更多集中在美国。华生于 20 年代将行为统称为主义，并建立起一个心理学流派——行为主义心理学流派（behaviorism）。正如吴伟士指出的："美国心理学家正在与行为主义一起慢慢地向我们走来。从 1904 年开始，越来越多的人表现了对将心理学定性为行为科学的偏爱，而逐渐远离了那种试图对意识的描述。"1913 年，华生在《心理学评论》杂志上发表了题为《行为主义者眼中的心理学》一文，宣告行为主义的诞生。作为行为主义心理学的创始人华生，其伟大不在于首创了一种思想，而在于他比别人更深刻感受到时代精神的召唤，"他大胆地、明确地对这种呼唤作出了回应。这场革命是不可避免的和注定会取得成功的，因为它早已在进行之中了"。

华生掀起了世界心理学范围内的一场行为主义革命，之所以称为革命，是因为行为主义的主张具有颠覆性。它旗帜鲜明地反对传统心理学的几乎所有观点，包括心理学的研究对象与研究方法这些作为一门学科最基本的问题。从革命的意义上说，行为主义首先是一种方法论，然后才是一种理论。华生自己也认为，行为主义不是一种心理学的理论体系，而是一种研究心理学问题的方法学。他还指出行为主义永远不会成为一种理论体系，因为任何一门科学的理论体系迟早是会过时的。言外之意，他的行为主义永远不会过时。事实证明，行为主义为心理学开辟了一扇窗，一个观察人类心理与行为不可缺少的视角，从这个意义上说，行为主义确实是永远不会过时的。

从 20 世纪 20 年代开始，行为主义心理学一统天下的局面持续了半个世纪，直到 60 年代，认知心理学与人本主义心理学的兴起，开始令心理学家把目光重新放在人的认知等内部心理状态和过程。行为主义心理学自此走向衰落，但其思想和方法在心理治疗、教育心理学等许多应用领域仍保持着深远的影响。

行为主义心理学溯源

行为主义心理学之所以产生于 20 世纪 20 年代的美国，而没有产生于现代心理学的诞生地欧洲，有其深刻的历史背景，是各种因素相互作用的结果。

第一，行为主义心理学的产生受当时美国社会背景的影响。首先，行为主义反映了当时美国社会生活和生产实践的需要。在西方科技革命的推动下，美国于19世纪后半期完成了工业革命并开始了城市化运动。在城市化进程中，大量的农村人口涌向城市。他们要适应城市生活，就必须学会相应的生活方式和技能。同时，工业革命也要求提高生产效率，这就需要对工人的总体活动效果进行研究，而华生所倡导的行为主义心理学，其目标就是控制人的行为，包括最大限度地提高工人的工作效率。正如华生本人所言："近些年来常有个趋势，回过来做人的研究：工业上技术和机械方面已做到最高效率，若再要增加产品，必须更透彻地了解工人。心理学家要帮助和鼓励工业去解决这个问题，在工人总体的活动效果上加以研究。"可以说，华生顺应了美国社会发展的时代要求，创立了行为主义这一新的心理学流派，实现了心理学的行为主义革命。其次，行为主义是美国社会政治生活中进步主义运动的产物。进步主义是19世纪90年代在美国所产生的一场广泛的政治革新运动，其目的是通过启用能够科学管理社会的贤人来对社会进行控制。华生等行为主义者似乎有可能为社会革新者提供一种合理有效的管理社会的科学工具，因此通过运用行为技术来达到控制社会的目的成为一种最有生命力的革新思想。

第二，行为主义心理学的产生有其哲学背景。尽管华生反对哲学，拒绝以任何形式的哲学作为自己理论的哲学基础。但实际上，他的行为主义却有着深刻的哲学渊源。机械唯物主义、实证主义和实用主义等哲学思想都对其行为主义产生了广泛的影响。正如美国心理学家舒尔茨所言："到华生着手行为主义的研究时，客观主义、机械主义和唯物主义的影响已经如此地渗透到思想和学术领域，以至于不可避免地导致了一种新形式的心理学，这种心理学没有意识、心灵或者灵魂，它关注的仅仅是能被观察、倾听或触摸的东西，其结果就是一种行为的科学，一种把人看作机器的科学。"

（1）机械唯物主义

工业革命以来，迅速发展的自然科学对人类生活产生了深刻影响。而自然科学中占统治地位的学科是力学，因此作为当时自然科学成果总结的就是机械唯物主义哲学。笛卡儿否定了动物的意识，把动物看成一种犹如自动机的机器，试图对身心作机械主义的解释，拉·美特利继承并发展了笛卡儿的机械唯物主义思想，在《人是机器》一书中，提出了人是一架与电子计算机在性质上没有区别的机器的思想，认为"对心理事件的理解只能根据神经系统内的物质过程来进行"。华生在创立行为主义体系时，显然接受了这种机械唯物主义思想，他认为"人也是机器，受刺激—反应规律的制约"。

（2）实证主义

实证主义是19世纪中叶法国哲学家孔德创立的一种科学哲学。其实质是把机械唯物主义的观点推向顶峰，强调实证的知识，认为唯一有效的知识是那种具有社会性，而且是可以客观观察的知识。由此导致的倾向是，反对心灵主义和主观的方法论，主张排除内省，因为内省依赖于个体的意识，而个体意识是不能客观观察的。实证主义思想对整个社会科学领域产生了深远的影响，同样波及了心理学。早期行为主义正是根据这样的标准，放弃了对不可观察的意识的研究而改为以可观察的行为作为心理学的研究对象，抛弃了主观内省法而改为以自然科学的客观方法作为心理学的研究方法。黎黑曾指出，"整个行为主义精神是实证主义的，甚至可以说行为主义乃是实证主义的心理学"。

（3）实用主义

相对于机械唯物主义和实证主义，作为美国官方哲学的实用主义对早期行为主义的影响更为直接和深刻。实用主义哲学的代表人物杜威声称，实用主义就是一种强调行为、实践和生活的哲学，其要点就是强调要立足于现实生活，把获得效果当作最高目的。作为杜威的学生，华生提出把不可直接观察和经验的意识排除在心理学的研究大门之外，把人的行为活动简化为刺激—反应的行为模式，把有效地控制人的行为作为心理学的根本目的，这些都是实用主义哲学在行为主义心理学中的具体体现，都有着明显的实用主义色彩。

第三，行为主义心理学的产生有其生理学的背景。其中以下三位俄国生理学家的研究成果对行为主义心理学的产生影响很大。

（1）谢切诺夫的研究

强调神经生理学研究中的客观方法，在很大程度上应归功于俄国"生理学之父"谢切诺夫，他认为心理学研究应该采用生理学的客观方法。在他的理论体系中，"反射"是一个关键性的概念，它指的是刺激和反应之间的联结。在1863年出版的《脑的反射》一书中，他把意识现象看作是神经反射的特例，认为诸如学习、记忆和思维这样的心理过程其实就是复杂的反射行为链。通过对自然科学应该建立在可公开观察的事实基础上的论证，谢切诺夫坚持认为心理学也必须采用同样的客观程序。这些观点显然影响了华生对心理学性质的看法，华生认为，心理学应研究客观的、看得见的事实，成为一门实证科学。

（2）巴甫洛夫的研究

伊万·彼德罗维奇·巴甫洛夫这个名字为人所熟知，他是俄国伟大的生理学家，是以条件反射为核心思想的高级神经活动学说的创立人。如果没有巴甫洛夫的研究，华生的行为主义也许不可能取得如此大的成就。巴甫洛夫为华生的心理学的方法论提供了重要的经验材料。巴甫洛夫首创并运用条件反射法对人的高级神经活动进行了严格而客观的实验研究，提出了以条件反射学说为核心的高级神经活动规律理论。受巴甫洛夫的影响，华生认为，人和动物的行为都是在无条件反射基础上形成的条件反射，既然如此，就可以利用生理学中的刺激、反应、肌肉收缩和腺体分泌等客观术语来取代主观的心理、意识等概念，这样就为心理学走向自然科学的行列扫清了概念术语的障碍；而且他还进一步把条件反射作为一种具体的客观方法，并借此达到行为研究和控制的目的。可以说，华生几乎整个接受了巴甫洛夫的思想与方法，并以此为依据建立起其行为主义体系。

（3）别赫切列夫的研究

别赫切列夫是俄国另一位著名的生理学家，他发展了一种运动条件作用的方法。他认为，条件反应指的是肌肉反应，而不是巴甫洛夫所谓的腺体分泌。别赫切列夫通过否认对心理事件的主观解释而鼓励行为主义的取向，如条件性手指收缩并不是由于心理联想的结果，而是在条件性作用的过程中所形成的神经联结。他于1910年出版了《客观心理学》一书，主张心理学研究应采用客观方法，反对用精神术语来研究心理学。他还进一步认为，心理学是行为的科学，即使是思维这种高水平的心理过程，也是由较低水平的感觉—运动反射所组成的复合物，主张建立"没有心理的心理学"，这些观点显然对华生的行为主义具有一定的启示。

第四，行为主义心理学的产生有其心理学的背景。行为主义的产生虽受美国当时的社会、哲学、神经生理学等外部因素的影响，但心理学内部的矛盾运动是其产生的内因。

（1）传统意识心理学的危机

1879年，德国心理学家冯特在莱比锡大学建立世界上第一个心理学实验室，标志着西方现代心理学的诞生。科学心理学诞生以后，一直把意识作为其研究对象。但意识心理学在解决美国社会当时所面临的许多问题时，第一次感到是那样的无能为力，以至于人们对意识心理学产生强烈的不满情绪。正如巴契勒在概括1906年美国心理学的进展时所指出的那样，心理学"正在产生不满的潮流"，学术上的纷争、实践上的无能以及社会的不满，最终导致了意识心理学的危机。这种危机必然导致心理学家开始从另一极来展开研究，实现心理学从研究意识到研究行为的转向。华生则顺应了心理学发展的时代要求，创立了行为主义这一新的心理学流派，实现了心理学的行为主义革命。

（2）动物心理学的发展

华生曾说过："行为主义是20世纪初期动物行为研究的直接结果。"可见，行为主义最重要的先行者之一是动物心理学。动物心理学是在进化论的影响下产生的。达尔文认为，动物与人类的表情在发生学上具有共同的根源，从而确立了人与动物心理发展的连续性思想。但达尔文错误地认为，人与动物的心理只有程度的差别，并无本质上的差别，这导致了研究人的心理时的生物化倾向。进化论所包含的生物学化倾向被摩尔根所发展，他主张在动物心理研究中，只要能用更低级的心灵作用解释活动，就绝不用更高级的心灵作用来解释，这就是著名的"吝啬律"。桑代克则发展了一种客观的机械学习理论，认为在研究动物的学习时，尽量避免使用主观性的概念，而用刺激和反应之间的具体联结来解释学习。华生本人正是借助于在动物心理研究的过程中所积累和形成的观念和方法而建立起其行为主义的心理学思想体系。

（3）机能心理学的进一步发展

机能主义本身并不是客观心理学，其创始人杜威和安吉尔都在心理学内部保留了意识，但相对于传统的实验心理学，机能主义心理学家已远离了那种纯粹的意识心理学。1906年安吉尔当选为美国心理学会主席，他的就职演说被看作是通向行为主义的一个里程碑。他的整个演说包含着这样一种观点："机能主义是架于心灵主义和行为主义之间的一座主要桥梁，一个路站，而不是一个自主的持久性运动。"安吉尔的学生和继承人卡尔则公开表示对内省的不满，主张"心理学应把注意力集中于行为而不是集中于意识"，从而导致了一种客观的机能心理学。机能主义心理学的发展为华生的行为主义作了必要的理论准备，正如华生所指出的"行为主义是唯一彻底而合乎逻辑的机能主义"。

正是在这样的时代背景、学科背景以及心理学内部的矛盾运动的基础上，华生开创了心理学研究的新时代，实现了心理学中的"行为主义革命"。

行为主义心理学与新行为主义心理学

　　从 20 世纪 20 年代至 50 年代，行为主义心理学成为世界心理学界的主流心理学。在这长达半个世纪的时期，涌现了众多行为主义心理学家，他们在华生所创立的行为主义纲领下，思想与理论有继承也有发展。根据这些心理学家的观点之异同，具体来讲，可分为两个时期。第一个时期可称为早期行为主义，或称作古典行为主义，时间约在 1913 年至 1930 年之间，代表人物有华生、霍尔特、魏斯、亨特、拉什利等。他们几乎都反对用内省法研究意识的传统心理学的观点，主张用客观法研究行为。第二个时期则称为新行为主义，时间自 1930 年至 1960 年初。新行为主义者坚持华生行为主义的基本立场，但修正华生极端简单化的观点和方法，开始研究动机和认知机制，代表人物及主张包括托尔曼的目的行为主义、赫尔的逻辑行为主义以及斯金纳的操作行为主义。到了 60 年代，由于认知心理学的发展，行为主义已明显开始衰落，但仍有一些学者沿着古典行为主义与新行为主义的路线继续前进。1960 年后，主要包括班杜拉等学者的工作，被称为新的新行为主义，也被称作是学习理论，那是因为虽然班杜拉也主张研究行为，但已与传统的行为主义有相当的距离，这主要表现为在观察和研究个体的外显行为的过程中，突出了认知过程的积极作用。

二、华生的古典行为主义

　　斯金纳的操作行为主义理论，是对华生古典行为主义的继承和拓展，华生是行为主义的创始人，也是古典行为主义的代表人物。

短暂却有划时代意义的学术生涯

1878 年 1 月 9 日，华生出生于美国南卡罗莱纳州格林维尔城外的一个农民家庭。1894 年，华生进入伏尔曼大学，五年后获得硕士学位。后来华生放弃了当初想做牧师的理想，他被机能主义心理学家安吉尔的思想深深吸引，从此对心理学产生了浓厚的兴趣。1903 年，华生完成了名为《动物的教育：白鼠的心理发展》的博士论文。从博士毕业直到 1908 年，华生都在芝加哥大学当讲师。在这几年里，他既学习和工作，又做了大量的动物实验，开始形成行为主义方向的信念。1908 年，当华生成为芝加哥大学助理教授的同时，又获得了霍普金斯大学正式教授的职位，他在这里度过了学术生涯最辉煌的岁月，一直到 1920 年。

长期以来，华生不断思考如何使心理学的研究更加客观化。1913 年，他在《心理学评论》杂志上发表了题为《行为主义者心目中的心理学》一文，正式宣告行为主义心理学的诞生，这标志着行为主义革命的开始。1914 年，华生又出版了他的第一本系统地阐述行为主义的专著《行为：比较心理学导言》。文章的发表和专著的出版在美国心理学界产生了重大影响，特别是得到了广大青年心理学家的响应。两年后，当华生 38 岁时被选为美国心理学会主席，这也从一个侧面说明了华生的行为主义受到了心理学界的欢迎。1919 年，他出版了第二本专著《从一个行为主义者的观点看心理学》，这本书是他的行为主义观点最为全面系统的阐述。

作为年轻有为的美国心理学会主席，以及行为主义心理学革命的领导者，华生的学术生涯本来应比别人更漫长，然而，1920 年，华生与新来的研究生助理罗莎莉·雷纳发生恋情而导致离婚，这件事演化成为丑闻，使华生的学术生涯戏剧般地就此结束了。

1921 年，华生进入商界，仍然没有放弃他的行为主义研究，他用行为主义的方法进行广告宣传。1957 年，为表彰华生对心理学的卓越贡献，美国心理学会授予华生一枚金质奖章，并称赞"华生的工作已成为现代心理学形式与内容的重要决定因素之一。他发动了心理学思想中的一场革命，他的论著已成为富有成果的，开创未来的研究路线的出发点"。1958 年，华生这位行为主义的创始人在康涅狄格州因病去世，享年 80 岁。

华生的古典行为主义理论

从远古到 19 世纪晚期的漫长历史中，人们主要靠思辨的方法，像一个哲学家那样天马行空去思索人类心理与行为的规律。直到 1879 年，德国心理学家冯特在莱比锡大学建立世界上第一个心理学实验室，标志着现代心理学诞生了，心理学作为一门学科创建了。从冯特开始，心理学已经不再靠单纯的思辨去研究，而是要像生物、化学、物理等自然科学那样通过实验的方法去研究。可见心理学从诞生之日起，就急切想要跻身于自然科学之门，但是心理学其后的历史表明，这种方法还不足够科学，甚至是反科学的，这正是以华生为代表的行为主义者的声音。

在行为主义创立前，心理学界一直存在两种对立的声音，那就是前面讲到的构造主义心理学和机能主义心理学。构造主义心理学派认为，心理学应该研究人的意识的结构，通过把意识分解为几个不同的部分，并对每一个部分进行识别，这样就可以理解心理活动的过程是怎样的。因为不满与质疑构造主义心理学的思想，以美国心理学家威廉·詹姆斯为代表的机能主义心理学派诞生了。这个学派认为心理学应该研究的不是意识的内容和结构，而是意识的功能与作用，因为意识是具有目的性的，这就需要把意识作为一个整体，而不能像构造主义那样分解成部分。机能主义比构造主义更为进步，是因为机能主义克服了构造主义主观主义、静态化和孤立化的弊病，强调人的心理的整体性、活动性和适应性，把人的心理视为一种机体有效适应生活条件的活动过程。可见，机能主义使心理学的发展从主观主义走向客观主义研究的道路上前进了一步。

华生公开宣称"行为主义是唯一始终一贯而合乎逻辑的机能主义"，但客观地说，华生所代表的行为主义与詹姆斯等机能主义者的观点还是有出入的。后者虽强调研究行为，但并不排除意识作为心理学的研究对象，而华生主张坚决反对研究意识，认为只有行为才能成为心理学的研究对象，因此，行为主义其实是机能主义的进一步发展。当华生为安吉尔的机能主义所着迷的时候，他并没有全盘接受其思想，而是进行了创造性的继承与发展。

可以说，华生的行为主义大胆批判了传统心理学的思想，彻底颠覆了传统观点，从心理学的性质、目的、研究对象到研究方法，在心理学界开展了一次洗脑运动，给出了一个行为主义者眼中的解释。

在心理学性质和目的方面，华生指出："在行为主义者看来，心理学是自然科学的一个纯客观的实验分支。它的理论目标在于预测和控制行为。"在华生看来，心理学应该而且必须成为一门纯生物学或纯生理学的自然科学。否则，它根本没有存在的价值。

在研究对象方面，华生的行为主义与传统的构造主义和机能主义的观点都不相同，行为主义第一次明确把意识排除出去，与机能主义划清了界线。华生认为，几十年来心理学中的混乱与分歧，都是因为心理学在研究对象上被鬼火一样的意识所缠绕造成的，"我们所需要做的是在心理学中从头工作，把行为而不是意识作为我们研究的客观对象"。

在研究方法方面，华生批判了构造主义心理学方法论，同时创造性地发展了机能主义心理学的研究方法。在1919年出版的《行为主义心理学》一书中，华生指出，心理学的研究方法要抛弃传统的内省法，而代替以客观法。他指出，客观法主要有四种：观察法、条件反射法、言语报告法和测验法。在1930年出版的《行为主义》一书中，华生又补充了一种研究方法：社会实验法。

华生被视为激进的行为主义代表人物和严格的环境决定论者，他在后期提出的著名论断让许多人感到极端，却是华生行为主义的最佳注脚：

> 给我一打健全的、没有缺陷的婴儿，让我放在自己特殊的世界中教养，那么我可以担保，随便选出其中的任何一个婴儿，无论他的能力、嗜好、趋向、才能、职业及种族怎样，我都能够把他训练成为我所选定的任何一种类型的特殊人物，例如把他（或她）训练成为医生、律师、艺术家或商业首领等，也可以把他训练成为一个乞丐或窃贼。

这段话一直被人们公认为环境决定论的经典表述。关于人的行为产生的原因，在华生看来，遗传、本能、任何内部心理过程都与之无关，人之所以有这样那样的行为，是由环境决定的，人没有任何主观能动性，人与动物没有太大的差别，人就像是被环境不断鞭打的陀螺。

而所谓的环境与教育，是通过刺激实现的。华生认为，行为的决定因素是环境，具体来讲，就是外部刺激，而外部刺激是可以控制的，控制的最基本途径就是条件反射法。不论多么复杂的行为都可以通过条件反射这一机制建立起来，心理学的一切问题可以简化为以下公式：S（刺激）→R（反应）。刺激与反应的关系是遵循因果律的，因此，有机体的一切行为都是被决定的，而不是自由的，人所做的每一件事都是环境和过去经验的直接结果，有机体的一切选择都决定于这一因果链。

华生的贡献与局限

华生所开创的行为主义对心理学有巨大而深远的影响，行为主义最重要的贡献在于，它首先引起了心理学乃至所有科学领域的一场方法论的革命，沿袭自然主义与实证主义的传统，行为主义使人类在研究科学时越来越接受一种明确的新的视角。首先，华生的行为主义摒弃内省心理学，坚持客观研究法，使心理学从主观的科学向客观的科学发展道路上迈进了一大步。其次，华生的行为主义丰富和扩展了心理学的研究领域，尤其是在动物心理学、儿童心理学特别是实验心理学和学习心理学方面取得了许多重要的研究成果。第三，华生的行为主义注重面向实际生活，强调预测和控制人的行为，促进了应用心理学的发展。但是，另一方面，华生的行为主义也有其极端、片面的缺陷。华生的行为主义过度强调环境的作用，忽视内部心理过程的作用，并且把人等同于动物，抹杀了动物与人的本质区别，陷入了生物主义。

尽管有许多缺陷，但客观地说，华生所开创的行为主义，在心理学史上功不可没，否则也不可能统治心理学界长达半个世纪。心理学的实证主义传统正是因为华生以及其他行为主义者，包括斯金纳等新行为主义者的发扬光大，才成为心理学不可缺少和无可替代的一种传统。

三、斯金纳的操作行为主义

华生的行为主义在心理学界掀起了一场如火如荼的革命，他所开创的行为主义道路是迷人的，后来有许多学者都沿着华生的古典行为主义坚定不移地走下去。斯金纳正是继承并发扬了华生的行为主义心理学，修正了华生理论中的局限，并首次创造性地提出"操作条件作用"的概念，大大弥补了古典行为主义的狭隘与不足。作为新行为主义者中与华生的理论传统最接近的人物，斯金纳被认为是新行为主义人物中最正统的行为主义心理学家。正如舒尔茨引证麦克劳对斯金纳的评论："华生的精神是不灭的。这种精神得到净化和纯化，并且通过斯金纳的著作而栩栩如生了。"

斯金纳所创建的操作行为理论体系，可以说是沿着华生行为主义道路探索的丰硕果实。这个体系是独特的，颇具创造性的，尽管有些观点显得偏激，但直到今天，我们都不得不承认，"操作条件反射"的原理以及"强化"的概念，可以合理地解释许多人类行为。

操作行为主义是一种新行为主义

作为新行为主义的代表人物，斯金纳继承了华生的古典行为主义，并对华生的理论进行了创新。前面提到，斯金纳之所以被认为是最纯正或最正统的行为主义心理学家，是因为他在心理学的性质、目的、研究方法等方面，与华生的立场最接近，在坚持心理学的客观性立场上，甚至比华生走得更远，后来的其他新行为主义代表人物托尔曼、赫尔都或多或少融入了其他理论，而新的新行为主义在华生看来一定更"离经叛道"，已经大胆把传统上被行为主义拒之门外的心理学概念，如意识、思维、心象等加入心理学的研究对象。

1963 年，斯金纳在《年适五十的行为主义》一文中指出，行为主义在五十年前就提出来了，但是真正发展却是近三十年的事。事实上，斯金纳的操作行为主义与华生的古典行为主义既有联系也有区别。

一方面，作为华生行为主义最正统的代表，斯金纳在许多心理学基本问题上与华生有相同或近似的立场，这主要表现在关于心理学的性质、目的、研究对象、研究方法的看法相似。斯金纳也认为，心理学的目的在于预测和控制人的行为；心理学的研究对象应严格限定为行为，这样，心理学才能成为一门真正的自然科学；心理学研究应摒弃主观内省的方法，采取客观的研究方法；人与动物没有本质区别，对动物的实验研究结论可以推论到人。

比如，斯金纳指出："我们关心人的行为的原因是想知道人为什么产生行为。我们必须考虑到任何能够对行为产生影响的条件或事件。通过发现和分析这些原因，我们能够预言行为；

我们能够达到操纵这些条件或事件的程度，以便能控制行为。"

另一方面，斯金纳的操作行为主义有许多创新之处。首先，斯金纳在华生的 "S→R" 行为公式的基础上，创造性地提出 "操作条件作用" 的概念，并发展出一种行为的 "强化相倚" 理论，从而丰富了华生的公式的内涵。其次，斯金纳认为，华生的有些表述过于简单和极端了，比如华生那个关于 "一打婴儿" 的著名论断，否定遗传对行为的作用，引来众多非议。斯金纳虽然也反对把行为看作是本能或遗传所导致的，但他指出，有些先天行为是由环境的另一种形式——遗传环境决定的。此外，对于内部心理过程的解释，斯金纳仍然采取了比较灵活的立场。华生将感觉、知觉、言语、思维等内部心理现象解释为刺激和反应、学习和习惯一类的行为概念，而斯金纳不回避这些概念，大胆使用这些概念，但仍没有偏离行为主义的纲领，把它们解释为环境产生行为过程中的副产品。可见，斯金纳将遗传纳入了环境的范畴以及承认内部心理过程的存在，可以说是一种权宜之计，是为了行为主义能够被大家所接受，把华生过于偏激的思想进行了校正，使行为主义的发展道路更为顺畅。

操作行为主义体系

斯金纳的全部理论基石，也是其对心理学创造性的贡献，就在于其所提出的操作行为主义体系。这个体系的内容是怎样的？它又是如何建立的呢？

1927 年，斯金纳完成了在汉弥尔顿学院的本科学习后，放弃文学专业，投身心理学怀抱。1928 年，他进入哈佛大学开始了心理学的研究生课程，在读博士期间，阅读了一些学术大师的著作。斯金纳一直对哲学抱有兴趣，他读了罗素的《哲学原理》，而罗素在这本书中对华生有高度的评价，由此，斯金纳开始接触华生的思想。华生的行为主义理论对斯金纳产生了巨大的震撼，他非常认同行为主义的基本观点，比如心理学应该摒弃对意识等心理内部的研究，而只研究行为；人的行为是由环境决定的，行为就是对刺激的一种反应形式；心理学应采用实证主义的研究方法等。斯金纳兴奋地感到，自己对心理学，尤其是行为主义心理学有浓厚的学术兴趣。

通过几年不懈的努力，1931 年，斯金纳完成了自己的博士学位论文《行为描述中的反射概念》，这篇论文可以作为斯金纳加入行为主义心理学阵营的一个标志。在这篇论文中，斯金纳指出在刺激与反应之间还有一个第三变量，这个第三变量不会决定行为是否发生，但会影响行为反应的强度，他用公式 R=F (S，A) 来表示，F 是反应，S 是刺激，A 是第三变量。此时，斯金纳还基本停留在华生的行为主义思想的层面。在此后的三年中，斯金纳不断读书和思索，做实验，他开始看到华生的行为主义思想的一些不足之处，并提出自己的独立思考。

在此期间，除华生的行为主义之外，俄国生理学家巴甫洛夫以及美国心理学家桑代克的思想，也对斯金纳产生了重要影响。让我们先来了解一下巴甫洛夫和桑代克的思想。

前面已经谈到，巴甫洛夫等三位俄国生理学家的研究成果对行为主义心理学的产生具有重要作用。巴甫洛夫的思想不仅给了华生很多启发，也对斯金纳产生深远影响。1849 年 9 月 14 日，巴甫洛夫出生于梁赞的一个牧师家庭，1860 年进入神学院，1870 年改变成为牧师的初衷，进入圣彼得堡大学学动物生理学，1875 年转入军事医学院学习，1883 年获医学博士学位，

1884年任军事医学院副教授，1890年起成为军事医学院药理学教授，1895年起为生理学教授，1904年因消化腺生理学研究的卓越贡献而获诺贝尔奖。

巴甫洛夫最突出的贡献是，在前人谢切诺夫的基础上，创建了经典条件反射学说，这一学说对西方行为主义心理学的产生有着重要影响。巴甫洛夫关于狗的实验很有名，他通过一系列在狗身上的实验研究提出了条件反射的概念。比如将食物放进狗嘴里时出现的唾液反应，是一种无条件反射。同时，他又提出条件反射的概念，让铃声与食物反复配对出现，当狗听到铃声，而食物不出现时，都会分泌唾液，这就是条件反射，是由条件形成过程中在大脑皮层里建立起来的新反射通道的结果。巴甫洛夫的条件反射学说对当代心理学产生了极大的影响，成为后来的行为主义心理学建立的科学基础，是后来行为主义发展的奠基石，华生借此构成行为主义纲领。

斯金纳作为新行为主义的代表人物，华生对其影响更大，但他对巴甫洛夫并不陌生，也直接受过他的影响。早在斯金纳在汉弥尔顿学院主修文学时，生物学老师莫雷尔就指导他读巴甫洛夫的书《条件反射》。他在自传中也承认曾受巴甫洛夫的影响，他的操作条件反射最早就是受巴甫洛夫的启发而创造出来的。斯金纳创造的"操作条件作用"这一概念，常被世人拿来称为"操作条件反射"与巴甫洛夫的"经典条件反射"相提并论，这也可以看出斯金纳与巴甫洛夫的渊源之深。

另一位对斯金纳思想有重要影响的学者就是桑代克。

桑代克是美国著名的心理学家和教育家，美国哥伦比亚学派的主要代表，动物心理实验的首创者，教育心理学体系和联结主义心理学的创始人。桑代克与吴伟士共同研究学习迁移，并设计了心理测验，为美国教育测验运动的领袖之一。

1874 年，桑代克生于马萨诸塞州威廉斯堡一个牧师家庭，1891 年进威斯莱大学学习，临毕业前一年开始学习心理学，1895 年获文学学士学位，同年转入哈佛大学，跟随著名心理学家詹姆士一起做研究。1896 年，桑代克在哈佛大学开始了关于动物学习的研究，以后得到卡尔的帮助，转入哥伦比亚大学学习。1898 年，桑代克在卡尔的指导下获博士学位，1899 年任哥伦比亚大学师范学院的心理学讲师，1903 年升为该院心理学教授。在任教期间，桑代克根据卡尔的建议，把对动物研究的技术应用于儿童及年轻人，之后越来越多地用人做被试者，用大部分时间研究人类学习、教育及心理测验，成为心理测验运动的领导人物。

"联结"是桑代克心理学理论中的核心概念，桑代克是通过动物实验来提出这个概念的。起初，桑代克用小鸡做实验，训练它们走用书隔起来的迷宫。以后，他又用猫和狗做实验，并使用自己设计的迷笼，进行动物学习的研究，这就是著名的"桑代克迷笼"。实验是这样进行的，把饿得发慌的猫关进被称为迷笼的笼子，笼外放着食物，笼门用活动的门闩关着。被放进笼时的猫在笼子里躁动不安，在乱碰乱抓的过程中，偶然碰到那个活动的门闩，门被打开了，猫吃到了食物。如此反复，猫从笼中出来吃到食物的时间会越来越短。

这个有趣的实验给桑代克很多启示，根据这些实验，桑代克得出了一个非常重要的结论：猫的学习是经过多次的试错，由刺激情境与正确反应之间形成的联结所构成的。桑代克认为，动物的学习过程就是刺激和反应之间形成的一种联结，同时，也是一种渐进的尝试错误的过程，在这个过程中，无关的错误的反应逐渐减少，而正确的反应最终形成，这些同样也可以用来解释人类学习的过程。因此，后人也把桑代克的这一理论称作"试错理论"，即"尝试—错误学习理论"（trial-error learning）。虽然英国学者约翰·洛克早已提出过关于联结的概念，但那是一种观念的联合，而桑代克是在实验的基础上，根据机能主义的观点提出的刺激与反应的联结可以说是一种创举。

桑代克深入研究了学习的过程，总结了三条学习定律。

（1）准备律：学习不是消极地接受知识，而是一种活动，有一个准备过程。学习者必须要有某种需要，体现为兴趣和欲望。此外，良好的心理准备还应包括对该情境起反应所必不可少的素养和能力准备等。

（2）练习律：练习次数的多寡，影响刺激和反应之间练习的稳固程度。练习越多，练习越紧密，实验中的小鸡就越清楚要采取什么行动，逃脱的速度也越快，学习的效果越好；练习越少，练习就不够紧密，小鸡就越难找到出口，说明学习的效果就越不好。

（3）效果律：桑代克认为，哪一种行为会被"记住"，取决于这种行为产生的效果。例如，迷宫是一个刺激，小鸡在迷宫中会作出多种行为反应，但大多数反应都不能帮助它们逃出迷宫，而另一些行为则使它们得以逃脱并得到食物。因此，小鸡就记住了这些有效的行为，凡导致满意结果的行为被加强，而带来烦恼的行为则会被削弱或淘汰。

桑代克所提出的"效果律"给斯金纳带来极大的启发，在一定程度上说，斯金纳所提出的操作条件反射或操作行为主义以及强化理论其实就是桑代克的"效果律"的翻版。因此，斯金纳的新行为主义理论，其实是沿着桑代克的思路又前进了一步，对于桑代克的重要发现，斯金纳毫不隐讳，坦言自己不过是继承了桑代克的迷笼实验罢了：

> 我和桑代克（他不是一个行为主义者，但在行为科学方面，仍然是个重要人物）交往不多。他知道我对言语行为有兴趣，便把他写的《语言心理学的研究》寄给我。我写信向他表示谢意。在信中，我告诉他：我对头韵做过分析，并附带说："希尔加德在《心理学公报》中对我所写《有机体的行为》一书的评论，使我得知您在同一研究中做了许多我自己认识不到的工作……我似乎曾把您的观点与全部现代心理学的观点等量齐观。显而易见，我只是继承了您的迷笼实验罢了。但是我过去却忘了把这个事实向我的读者言明。"桑代克复信说："我能为您这样一位研究工作者效劳，比起我能建立起一个'学派'更加高兴。"

20 世纪 30 年代，在深入研究与反思巴甫洛夫以及桑代克的理论基础上，斯金纳将条件反射理论和试错理论进一步发展，把物理学、生物学结合起来，构建一种与华生思想更为密切，不同于托尔曼的认知行为主义和赫尔的逻辑行为主义的理论体系，即以排除内在心理过程、只研究可观察测量的外显行为为特征的操作行为主义。

1934 年，斯金纳完成两篇研究报告《刺激和反应的一般性质》和《两类条件反射和一类伪反射》，并于 1935 年发表在《普通心理学杂志》上。可以看出，此时他的反射概念与巴甫洛夫的理解不同，他把刺激与反应间的第三变量称作强化。

两位波兰生理学家科诺斯基和米勒则不同意斯金纳的观

点，他们的实验发现，当狗弯曲其腿时，便电击它并给它食物，反复配对后，即使不电击狗，它也会弯曲腿。1937年，这两位学者在《普通心理学杂志》上介绍了这一实验结果，这与斯金纳的观点是不一致的。于是，斯金纳发表文章反驳这一观点，在这篇文章中，斯金纳首次提出"操作条件作用"这个概念，这个概念正是斯金纳新行为主义心理学理论的基石和核心。

从1928年至1938年，仅仅用了十年的时间，勤奋聪颖的斯金纳就已建立起操作行为主义体系。1938年，斯金纳出版了《有机体的行为》一书，在此书中，他进一步阐释了"操作条件作用"的内涵。事实上，斯金纳继承和发展了巴甫洛夫、桑代克和华生的研究成果，而且走得更远。他坚信，人类行为同其他动物的行为没有本质区别，基于动物的行为研究，所发现的可实验、可重复的规律同样可以用到人身上。

斯金纳关于操作性条件作用的实验，是在他设计的一种动物实验仪器即著名的斯金纳箱中进行的。箱内设置一个杠杆，箱子的构造尽可能排除一切外部刺激，放进一只白鼠或鸽子，在箱内可自由活动，当它压杠杆时，就会有一团食物掉进箱子下方的盘中，它就能吃到食物。箱外有一装置记录动物的动作。斯金纳的实验与巴甫洛夫的条件反射实验的不同在于：（1）在斯金纳箱中的被试动物可自由活动，而不是被绑在架子上；（2）被试动物的反应不是由已知的某种刺激物引起的，操作性行为（压杠杆）是获得强化刺激（食物）的手段；（3）反应不是唾液腺活动，而是骨骼肌活动；（4）实验的目的不是揭示大脑皮层活动的规律，而是为了表明刺激与反应的关系，从而有效地控制有机体的行为。

斯金纳通过实验发现，动物的行为与这种行为的后果有关，按压杠杆的行为导致可以吃到食物的后果，那么它就会更多地去按压杠杆，它也就学习到了这一行为。斯金纳把动物的学习行为推而广之到人类的学习行为上，他认为虽然人类学习行为的性质比动物复杂得多，但原理是一样的。

斯金纳指出华生所坚守的"没有刺激，就没有反应"的信条是不全面、不准确的。他认为，动物和人的反应或行为可分成两类：应答性行为和操作性行为。

第一类应答性行为，是由已知的刺激引起的行为，实际上属于被动行为。它由刺激所控制，是先有刺激后有行为，刺激的强弱和频率直接制约着行为的发生概率及其效果。在这个过程中，行为受制于环境，作出行为是为了获得刺激，行为与先前的事件有关联。

另一类是操作性行为，是动物或人自身发出的反应和行为，与任何已知刺激物无关，它是自发的，如斯金纳箱中的白鼠和鸽子。操作性行为实际上属于主动行为，它能对环境作出主动适应，是由行为的后果反过来控制下一步行为的。如果行为的后果能产生积极效应，使行为者获得较大的满足，那么这种行为就能得到强化，使得该行为在以后发生的概率增大；如果行为的结果不能使行为者感到满足或满足程度不够，包括使行为者失望，这种行为就得到惩罚，行为主体就会自动调节自己的行为，使这种行为在以后发生的可能性降低。

总而言之，第一类行为与刺激、与先前发生的事件有关，必须有先前发生的事件，才会有后来的行为，而第二类行为与刺激、与先前发生的事件无关，而是与以前这种行为所带来的后果有关。无条件反应是一种应答性行为，因为它们是由无条件刺激引起的，而我们日常生活行为中的大部分是操作性行为。需要指出的是，斯金纳并不认为操作性行为不依赖于刺激作用而产生，而是说我们并不知道是什么样的刺激引起了这种行为，并且去了解这个原因也并不重要。操作性行为不取决于其先前的刺激，而是由其结果所控制的。比如当一个孩子作出的有礼貌行为得到爸爸的夸奖，这种夸奖就是行为带来的一种后果，即强化的后果，那么，下次他再次作出有礼貌行为的概率就会增加。而如果当一个孩子与别人打架，受到爸爸的斥责，这就是打架行为带来的另一种后果，即惩罚的后果，那么，下次他再次与别人打架的行为就会减少。斯金纳的研究重点在于第二类行为，他的操作条件作用或称为操作条件主义理论、强化理论都是以第二类行为为基础的。

为了更好地理解斯金纳的操作条件反射（或称为操作条件作用），我们可以把它与巴甫洛夫的经典条件反射这两个概念作个比较，它们既有联系也有区别。巴甫洛夫的经典条件反射，是指一个刺激（如铃声）和另一个带有奖赏或惩罚的无条件刺激（如食物）多次联结，可使个体（动物或人，如一只狗）学会在单独呈现该一刺激（前面的铃声）时，也能引发类似无条件反射的条件反射（分泌唾液）。经典条件反射是在非条件反射的基础上建立的，是暂时性的神经联系。斯金纳的操作性条件反射又称工具性条件反射，是通过个体自己的某种活动，某种操作（如鸽子压杠杆）才能得到强化而形成的某种条件反射。它们的共同点在于都十分强调强化的作用，不同的强化方式效果不同，因此它们在本质上是相同的，都依赖于强化。它们的不同点在于：（1）经典条件反射的无条件刺激物（如食物）十分明确，而操作性条件反射的无条件刺激物不明确，一般认为是个体自身的一些因素促使个体操作动作（如鸽子压杠杆）的；（2）经典条件反射中个体往往是被动接受刺激，而在形成操作条件反射过程中，个体是自由活动的，通过自身的主动操作（如鸽子压杠杆）来达到目的。

两种反射的详细区别可见下表：

	经典条件反射	操作条件反射
反应特征	应答性行为	自发性或操作性行为
形成条件	条件刺激与无条件刺激相匹配	及时强化
刺激	对特定刺激才能产生反应	不需要特定的刺激
消退	条件刺激多次单独出现	将强化物去掉

行为习得的过程，也是行为学习的过程。经典条件反射只能用来解释基于应答性行为的学习，斯金纳把这类学习称为"S（刺激）类条件作用"或叫"反射学习"。另一种学习模式，即操作性或工具性条件作用的模式，则可用来解释基于操作性行为的学习，称为"R（强化）类条件作用"或叫"操作学习"。操作学习模式认为，如果一种反应之后伴随一种强化物，那么，在类似环境里发生这种反应的概率就增加。而且，强化物与实施强化的环境一起，都是一种刺激，我们可以以此来控制反应。斯金纳认为，操作学习与反射学习不同，反射学习是S—R的过程，而操作学习则是（S）—R—S的过程，主要跟随反应之后的刺激（强化物），而不是反应之前的刺激，即行为是由反应之后的后果来决定的，强化的后果会使该行为在未来重复出现，惩罚的后果会使该行为在未来减少或消失。

生活中的一些例子更通俗易懂，比如说，望梅止渴，看到梅子就感到不再那么渴了，是因为以前人们有吃了梅子就解渴的经验，每次吃了梅子就会感到解渴的愉悦，梅子与身体的反应建立了一种联结，这种联结和反射就是经典条件反射。同样的道理，"一朝被蛇咬，十年怕井绳"也是经典条件反射，这些反射或者说人的反应、行为，是以先前的刺激作为条件的，而操作条件反射是不同的，是与这种行为的结果有关的。比如，当一个孩子放学回家后先写作业，然后再玩，这种行为得到爸爸口头上的夸奖或物质上的奖励（如送孩子一个喜欢的东西），这种先写作业后玩的行为就会得到强化，这种行为发生的概率就会增加，这就是操作条件反射或叫作操作条件作用。

强化程序

在斯金纳的操作行为主义体系中，除了"操作"这个重要概念外，还有一个重要概念就是"强化"。斯金纳认为，环境决定行为，具体来讲，是环境中的强化作用决定了行为的发生。强化程序与强化技术是斯金纳操作行为主义体系中除"操作条件作用"之外的关键概念。

早在 20 世纪 30 年代，斯金纳就开始致力于深入探讨强化的作用机制。1957 年，斯金纳发表了《强化程序》一书，此时，强化理论已发展得比较成熟，斯金纳意在将强化理论应用到人类社会各领域中。他在此书的序言中说：

> 本书的大多数资料是在 1949～1950 年间搜集的，当时的强化程序工作已由白鼠和鸽子的实验扩展应用于狗、猫和猴子等，还用它研究心理物理、问题解决、运动技能和动机（对摄取食物和性行为的分析）、情绪（对焦虑的研究）、惩罚和逃避行为，以及药物效应等。总之，强化程序的技术适用的物种范围广泛，尤其是复杂程序对于人类和其他动物如鸽子、

鼠、狗、猫和猴子等行为同样是有效的。此外，应用于对人类行为的控制，例如对于法律、刑罚、宗教、工业和商业等方面的研究，也展示了相当有希望的前景。

究竟什么是强化呢？强化（或增强）（reinforcement），最初的含义是奖赏。强化的概念最早是由巴甫洛夫提出来的，巴甫洛夫认为，使行为得到加强的一切事件都叫作强化，一切由它引起的变化为条件作用（conditioning）。斯金纳赋予强化概念以新的含义。他指出，生活和活动于环境中的动物或人，在多方面改变着环境，在改变环境中往往又影响自身的变化，其中某些变化使动物或人得到通常所说的奖赏，就是强化。

具体来说，强化就是通过强化物增强个体某种行为的过程，而任何能够增强个体反应的刺激都可以称之为强化物。斯金纳认为，人或动物为了达到某种目的，会采取一定的行为，当这种行为的后果对他有利时（得到强化），这种行为就会在以后重复出现；当这种行为的后果对他不利时（得到惩罚），这种行为就会减少或消失。人们可以用这种强化或惩罚的行为后果，来影响其以后的行为，从而达到修正其行为的目的。

斯金纳把强化分成正强化（positive reinforcement，也译为积极强化）和负强化（negative reinforcement，也译为消极强化）两种。正强化是通过给予愉快刺激来促使动物或人增强某个行为反应，比如，白鼠按开关时给食物，食物就是正强化；一个小学生按时完成作业，妈妈送给他喜欢的小玩具，那么他的这种行为就会受到正强化。斯金纳的强化理论后来也广泛应用于管理学，在企业、机关等组织中，正强化就是奖励那些组织所需要的行为，比如上班从不迟到、销售业绩高、遵守规章制度、体现团队精神的行为等，强化的手段包括奖金、表扬、改善工作条件和人际关系、提升、安排担任挑战性的工作、给予学习和成长的机会等。负强化是指通过移除或减弱不愉快刺激来增强某个行为的发生，比如，当处于电击状态下的白鼠按开关时停止电击，停止电击就是负强化物；一个骨科病人其他姿势都会引起疼痛，只有斜靠在床上才可以避免疼痛，那么病人就会长期采用这个姿势。此时该病人变换姿势所引起的疼痛是斜靠床上姿势的负强化物，通过不再做其他姿势，保持斜靠床上来避免疼痛。又如，一个小孩早上不按时起床，妈妈开始唠叨不停，直到孩子起床为止。每天如此，孩子逐渐按时起床了。此时妈妈的唠叨就是负强化物。

斯金纳认为不能把负强化与惩罚混为一谈。惩罚与强化相反，它是通过给予刺激减弱或消除某个行为的过程。惩罚也分为正惩罚和负惩罚两类。所谓负惩罚是指通过给予不愉快刺激来抑制或消除某个行为的过程，常见的批评、处分、打骂、拘禁都是负惩罚的例子。而正惩罚则指通过减少甚至剥夺愉快刺激来抑制或消除某个行为；也可以是通过给予彼行为正强化，来抑制或消除此行为。

在斯金纳的操作主义理论体系中，与强化相关的另一个概念是"消退"，是指有机体作出以前曾被强化过的反应，如果在这一反应之后不再有强化物相伴，那么这一反应在今后发生的概率便会降低，称为消退。在强化中，无论是正强化的奖赏还是负强化的回避，其作用都在于增加某种反应在将来发生的概率，以达到塑造行为的目的，而消退则不然。消退是一种无强化的过程，其作用在于，当有机体自发地作出某种反应以后，不对其给予任何强化，从而降低该反应在将来发生的概率，以达到消除某种行为的目的。在消退早期，在不给予任何强化时，行为的频率会在短时间内忽然增加，之后频率减少，才是真正的消退。早期频率的增加很好理解。比如，以前白鼠按开关就能得到食物，后来，消退开始，按开关却得不到食物了，白鼠就会更用力更频繁地按开关，这是为了确认是否因为按的力度不够或是其他什么偶然的原因使食物不出现，等到它确信再怎么按也不会有食物的时候，它按开关的行为才开始真正减少，最后消退。

正强化、负强化、消退和惩罚的区别可通过下表加以了解：

	正强化	负强化	消退	惩罚
刺激	增加奖励刺激	减少厌恶刺激	不给予刺激	呈现厌恶刺激
目的	增加反应概率	增加反应概率	减少反应概率	减少反应概率
应用	塑造良好行为	塑造良好行为	消除不良行为	消除不良行为

由上表可以看出，无论是正强化还是负强化，都会使良好行为增加，而消除不良行为的方法，除了惩罚之外，还有消退。需要强调的是，斯金纳通过实验，得出一条重要结论：惩罚仅是一种治标的方法，它对被惩罚者和惩罚者都是不利的，惩罚只能暂时抑制行为，而不能减少消退过程中反应的总次数，厌恶刺激停止作用以后，原先建立的反应仍会逐渐恢复。在斯金纳的实验中，当白鼠已牢固建立按杠杆得到食物的条件反射后，在它再按杠杆时给予电刺激，这时反应率会迅速下降。如果以后杠杆不带电了，按压率又会直线上升。与此同时，惩罚会有很多副作用，如攻击性行为。因此，惩罚要慎用，消退才是减少不良行为、消除坏习惯的有效方法。斯金纳对惩罚的科学研究，对改变当时美国和欧洲盛行的体罚教育起

了一定作用。

提出了强化的概念后，斯金纳又进一步研究了强化的具体程序以及它的不同类别。斯金纳发现，在操作性条件反应形成过程中，一般需要经过多次强化，但无论是在实验室还是日常生活中，操作反应得到强化的次数不同，也不是按照一定规律进行的。因此他认为安排一个良好的强化程序，通过间歇的强化来建立和维持操作反应或称为操作行为（为了通俗易懂，下面简称为"行为"），不仅是实验的技术问题，而且还具有广泛的社会实践意义。

根据多次强化的组织和实施方式不同，斯金纳将强化程序分为以下三种类型。

1. 连续强化程序，即对个体的每一次行为都给予强化。近年来，在商家的营销策略和人们的消费观念中，会员制和积分制被广泛采用，即购买某种商品或使用某种服务便会积分，积到一定的分值就可以兑换奖品，积分越高，奖品价值越贵重，这些奖品便是一种强化物，促使人们更多地购买商品和更多地使用某种服务。有时，这种方法虽然有效，但在某些情况下存在实现的困难。比如，对于孩子有礼貌的行为（主动使用正确的称谓与他人打招呼），作为家长，不可能在孩子每一次这样做时，都在现场及时给予赞扬等强化。

2. 间隔强化程序，在第一次对行为进行强化以后，由外部条件控制，按照一定的时间间隔对行为给予强化。根据时间间隔的安排，又分为两种程序。

（1）固定时距强化：按照一定的固定时间间隔，对行为实施强化。例如，不管个体在这一段时间内作出了多少次行为，每隔三分钟或五分钟给一次强化。但这种强化有其缺点，即当每次受到强化的行为结束后，开始一段时间内再次发生这种行为的频率很低，甚至不出现，只是在接近时距的终点时才又加快行为。所以，这种行为建立后也不能维持很长时间。

（2）变动时距强化：只规定一个平均时距，如平均每三分钟实施一次强化，但每次强化之间的具体时间间隔不固定，或长或短。这种形式的强化可以避免固定时距的缺点，使行为保持平稳和均匀地出现，而且这样建立的行为也不容易消退。

3. 比率强化程序，即事先确定的一个次数，据此来实施强化。它与间隔强化的不同在于，其强化次数的多少是以个体本身的行为为基础的，行为发生得越快，得到的强化就越多。

（1）固定比率强化，指以行为出现的一个固定次数为基础所判定的强化程序，例如，每出现十次行为实施一次强化。这种情况下，强化的效果很好，行为出现的速率也较高。如工厂中计件工资比计时工资效果好，就是这个道理。然而，这种方案也会因比率固定而出现类似固定时距强化程序所有的缺点，即在刚刚受到强化后的一段时间内出现的行为较少或较慢。

（2）变动比率强化，指以个体本身的行为为基础，制定一个标准次数，但执行时，强化的实施以该标准为平均数，具体的做法可以灵活掌握，就可以得到最佳效果。在斯金纳的鸽子实验中，变动比率强化条件下，鸽子每秒钟反应的速度为固定比率时的五倍，且保持数小时。在人类生活中，赌博的原理就是一种变动比率强化程序，由于每次赌博都有获胜的可能性，因此对赌徒们具有巨大的诱惑力，往往使他们越陷越深不能自拔。

连续强化和间隔强化的效果，从行为的消退角度来看不尽相同。斯金纳的实验表明，间歇强化停止后产生的反应消退，远远低于数量相同的连续强化停止后产生的反应消退。例如，如果只是偶尔对儿童的良好行为给予强化，在停止强化后，这种良好行为保持的时间，要比每一次良好行为都给予强化保持的时间长得多。斯金纳认为，当强化物的数量有限时，这一差别就有意义了。

20世纪50年代，斯金纳的强化程序和控制行为的技术推广和应用到许多领域，包括教育、心理治疗等，即程序教学和行为矫正，取得了突出的成绩。

强化技术

强化程序为斯金纳强化技术的提出提供了基础。1949年，斯金纳准备为他的毕业班学生开设一门新课程，使用了强化相倚联系（contingency，或相倚性联系）这一特殊技术。如斯金纳后来指出的，此技术能帮助实验者用科学方法形成和维持有机体的操作性行为即个体行为，从而达到预测和控制行为的目的。

不久之后，斯金纳利用这项技术治愈了一名印第安纳州的学生的老毛病，使他的手臂能再次举起。此后几年的时间，他致力于将强化技术应用到一些领域，比如研究精神病人如何消除或形成操作行为，另外还在教学领域中应用，使斯金纳名声大振。1954年，斯金纳发表了《学习的科学与教学的艺术》的论文，提出了依据强化技术制造和应用教学机器的设想。他率先和霍兰德在哈佛大学行为心理学的课程中运用教学机器，取得了成功。使用教学机器后，学生作业中的错误率降低了一半，而且学生学完教材的时间也大大减少了。吉尔根把斯金纳的"强化相倚联系"称为强化技术。

所谓强化相倚联系，就是指有机体的操作在环境和行为的关系中所形成的反应以及在一系列操作中反应和强化按一定顺序发生的联合序列，也称作强化技术，通俗地说，就是按一定顺序发生的一系列行为和强化的集合。斯金纳认为，行为控制就是精确地分析强化效果并设计特定的强化相倚联系。

关于这项技术，特别是技术设计的原则，斯金纳在1953年出版的著作《科学与人类行为》中有很详尽的说明。事实上，这些原则是通过斯金纳与费尔斯特、霍兰德以及学生们的大量实验而研究分析概括出来的，这项工作相当艰苦，耐心与创造力缺一不可。下面是斯金纳以鸽子实验为例，讲述他们所做的工作。

首先，要将未曾经过训练的鸽子放在有食盘的笼子里喂养，以稳定它的情绪。喂养的同时也将一些合乎一般要求的操作性行为或动作对其进行训练。这种动作或行为的训练过程分三步进行。

第一步，将鸽子放进实验箱靠近能吃到谷粒的食盘，允许它在食盘内啄食一至二分钟。如果该鸽子在十分钟内不啄食，就将它放回到没有食物的生活笼内。这种方式一直进行到鸽子能主动地向打开的食盘啄食为止。

第二步，实验者重复地进行把食盘拿进和拿出的操作，直到食物一出现鸽子即开始啄食为止。鸽子对食盘操作的第一次反应通常是有情绪的，但在啄食之前，必须使它稳定情绪，对环境有所适应。通常让鸽子靠近食盘站立着，因为对这样的行为强化，有利于形成偶然的相倚联系，即有利于塑造所要求的行为及其后果。应该着重指出，斯金纳的所谓"强化的相倚联系"是指一种行为和这种行为的后果建立起一种强有力的占优势的联系。这是因为鸽子的操作动作使之得食。得食的满足（后果），又会加强这一操作动作的强度，因而这一偶然的动作和这个动作的后果之间就会建立起优势作用的联系。这种因偶然联系既使原有动作得以加强又使该动作与其后果之间的关系得以加强的强化作用，斯金纳称之为"强化的相倚联系"。所以，强化的相倚联系完全是人工安排的一种技术，在斯金纳的新技术和今后的理论中亦是一个十分重要的概念。

第三步，必须先衰减第二步形成的行为。意思是说，只有鸽子在向箱内移动时实验者才打开食盘，但对鸽子的其他动作不予理睬，使其衰减淘汰。这一步要持续进行，直到鸽子从实验箱的任何位置迅速地转向和走向食盘啄食为止。斯金纳指出，在这里重要的是由操作食盘而产生强烈的、有条件的对强化刺激的反应。斯金纳称这种反应为"迷信"的条件作用。例如，有人一次在公园里拾到钱，以后他总情不自禁地到那里转转，并且总低头凝视地面，"迷信"再拾到钱。他认为在日常生活中往往有人会因一次偶然相倚联系和强烈的强化刺激而形成僵化的反应。人们在求医、拜佛、赌博等行为中，尽管多番周折，但因其中偶然的一次巧遇而引起迷信的事件往往数不胜数。他还指出，在这种情况下，如果是按时间设计来重复出现食盘的话，就应该使用不规则的程序进行细致复杂的训练，从这些训练中实验者可以观察到该鸽子在行为上的复杂情况。

可见，斯金纳关于强化技术的研究是一个复杂而艰苦的过程，他的强化技术在教育等许多领域都得到了广泛的应用，具有极大的社会价值。斯金纳对此项技术的发展前景充满了憧憬，他在小说《沃尔顿第二》中对文化设计中强化技术的应用进行了最具想象力的描述。

行为治疗与行为矫正

　　斯金纳的操作行为强化理论在许多领域都有广泛的应用，而实际上也是最重要的应用领域就是心理咨询与治疗领域。由其强化理论为主而形成的行为矫正和治疗技术，在今天已成为人们所公认的一种有效的心理治疗方式。许多心理治疗流派，或多或少地吸收了斯金纳行为矫正理论的精髓，现代行为治疗中常用的系统脱敏法、厌恶治疗法、阳性强化法等技术都是以斯金纳的操作行为强化理论为依据的。

　　斯金纳超强的动手能力，使他绝对不会成为一个象牙塔里的学者，他始终坚持将其思想与理论应用于实践领域。1953年，斯金纳与其同事林斯利将操作主义的研究从实验室推广到医院，主要是为了探讨慢性精神病患者是否也能够出现典型的学习模式。结果发现，除了精神病发作期间，这些患者表现出与鸽子或被试学生同样的行为。在林斯利与斯金纳1954年未公开发表的一份研究报告中，第一次使用行为疗法这一术语。虽然他们的研究没有进一步涉及治疗，但是他们为发展以操作主义学习为基础的治疗方法开辟了道路。20世纪60年代，从心理治疗中派生出一种治疗技术，这就是以斯金纳为首的一种强化技术。后来有学者利用强化来训练儿童的行为，并发展出相应的测量技术。也有学者指出操作主义学习方法可以用于增强慢性精神病患者的适应性行为，并用这个原则发展代金券的治疗方法。斯金纳在其晚年，仍致力于其行为理论的应用，在心理治疗领域，他提出了与传统心理学大相径庭的观点。1978年，斯金纳在《关于行为主义和社会的沉思》一书的第一章《人类行为与民主》中使用"行为矫正"一词。他这样讲述自已这个概念的内涵：

> 我不得不使用至今还没有一个正确说明和定义的术语。我的意思并不是靠植入电极或精神药物来改变行为，也不是用诱发呕吐的药剂和电休克。我用行为矫正这个术语的意思是，引进通过积极的强化来改变行为的一种手段。

斯金纳这段话的意思是，他的行为矫正技术与以往的包括巴甫洛夫的心理治疗方法都不同，是以其行为强化学说为理论基础的。这一理论对来访者或称作患者在病因分析与治疗方法上与传统的心理治疗很不相同。

首先是对病因的分析。在斯金纳看来，传统的寻找病人的心理、意识、认知等内部原因是没有意义的，比如弗洛伊德的精神分析学派将病因确定为人的无意识，而斯金纳等行为主义者认为，人类的一切行为都是由环境决定的，同样，病人的不适应行为或失调行为也是由环境造成的。具体来讲，是环境中的强化作用即强化的相倚联系决定的，一切行为的形成都是积极强化的结果，即使是一种不适应行为或失调行为也不例外。既然强化可造成不适应行为或失调行为，那么它也同样可以消退这种行为。

斯金纳进一步分析了失调行为和疾病的成因，他认为它们是由于惩罚过度、不充分或不当的强化引起的。过度惩罚可引起逃避、反抗、消极抵制等操作反应上的副作用，在情绪上引起恐惧、愤怒、焦虑等副作用。比如一个孩子因不愿意学习而受到家长过于严厉的惩罚，那么与学习有关的一切刺激都会引起他的情绪反应——恐惧、焦虑等就会再次出现。如果没有其他原因，而这种情绪反应又没有消失，那么这个孩子会厌恶学习与学校，最终可能逃学或辍学。不充分的强化以及对问题行为或不适应行为的强化，也会导致失调行为、问题行为或不适应的行为。比如一个孩子能认真独立完成作业，并在考试中取得好成绩，或者往往是学习不好的孩子有了一点点小小的进步，家长或老师因太忙或疏忽等各种原因没有给予包括称赞在内的强化，这种良好的行为没有带给孩子其他方式的满足，他就可能会通过故意不听话来获得强化，一些过激的行为往往受到注意：哭闹、尖叫、打架、恶作剧等，尽管这些过激行为会带来包括斥责和批评在内的注意，但孩子仍得到了强化，因为任何一种注意都比没有受到注意要好。

在治疗的途径和技术方面，斯金纳指出，对失调行为进行矫正时，需要治疗师仔细发现和安排好强化的相倚联系，必须了解上述这些副作用的产生条件，有针对性地控制好这些条件，进行积极的强化，这样才能逐渐使失调行为消退。

斯金纳认为，在进行积极强化时，治疗师可以用两种强化方法，即正强化和负强化。与积极的正强化对应的正强化物有食物、水、性关系等具有明显生物意义的事物。与消极的负强化对应的负强化物有噪音、电击、炎热、寒冷、强光等。比如要矫正酗酒行为，可以配上服用后会引起头痛的药物，与酒一起喝，使他喝了酒以后就会感到头痛，这就是负强化消退酗酒行为的例子。最初斯金纳仅是用强化理论来说明他的治疗思想与技术，直到 20 世纪 60 年代后期，他才开始将行为矫正技术归纳为正强化消退、厌恶条件反射、系统脱敏法、模仿等五种行为治疗技术。

行为矫正的原理主要是，有机体自发作出的操作性行为与其随后出现的行为结果之间的相倚关系，控制着该行为在以后的发生概率。也就是说，个体自发作出一个行为后如果得到强化，这个行为在以后就有可能再次发生；如果未得到强化或得到惩罚，那该行为发生的概率就少。特别需要提出的是，凡是受到强化的行为会再次发生，这是一种正强化法。

在今天的心理治疗以及教育领域中，这种正强化法用得最多，也称为代币法。这种方法由 T. 阿龙和 N. H. 阿兹灵于 1968 年首先用于临床，治疗慢性的精神病患者和智力落后的儿童。如果患者作出了被要求的良好行为时，就得到奖励以强化其良好行为，如果不能按要求作出良好行为或作出不良行为时，就得不到奖励，这就使不良行为因得不到强化而消退。20 世纪 70 年代后，这种方法开始应用于某种躯体疾病的康复和预防，随后广泛应用于学校、心理咨询和治疗等领域，以培养学生、咨客或当事人的良好行为和纠正不良行为。

代币制，是一种非常实用的行为塑造方法。代币，是指当良好行为发生时所得到的强化物，这种强化物是可以兑换成奖励品的一种证券，可以有很多种形式，比如学校里普遍采用的小红花，还可以是一个小牌子等，这个小红花或小牌子积累到一定数量可以兑换一个奖品，这个奖品可以是一支铅笔（在小学里常见）、一个喜欢的玩具、电影票、旅游等，或者是其他的形式，如半小时的亲子游戏时间等，不论是哪种奖励，注意一定是行为人所期望的，对其有一定诱惑力的，否则起不到强化作用。当行为人作出良好行为等目标行为时，得到一个代币，如果没有作出目标行为，就得不到代币，或者出现了不良行为时，也可以扣除一个代币，这些可以由行为人与监督者（通常是老师、家长、心理咨询师等）来共同商定，当代币累积到一定数量可兑换奖励。因此，行为矫正不但能通过强化来塑造良好行为，还可以通过消退甚至惩罚来消除不良行为。当对一个不良行为矫正时，如果矫正程序开始实施，就要严格按程序进行，否则，不但这次的矫正不起作用，就算是以后重新再进行一次矫正也很可能没有效果。

在管理学中的应用

谈到斯金纳的强化理论的应用，不能不提的是这一理论对管理学的影响。对于管理学来说，强化理论是对激励机制进行科学分析的理论平台。其中的正强化优先观点，在企业、机关等组织的现实管理中得到广泛应用。

在管理学界，激励的作用人人皆知，但是，如何让激励起到效用却是见仁见智的事。经济学的理论指出，激励能否有效至少取决于以下前提：第一，激励所提供的东西是被激励者所需要的东西，并且能引起激励接受者的获得欲望，比如金钱、职位提升、参加培训和学习的机会等，这往往是因人而异的，不是一概而论的；第二，激励所提供的东西必须具有稀缺性和排他性，也就是说要使接受者获得某种独享，只有其可以获得，别人不能获得，如只有一个升职的位置，而不是两个或三个；第三，激励效用是曲线而不是直线，收益和付出的关系有增有减，相关度有大有小有正有负，要合理运用，既不能"过"，也不能"不及"。在这些前提下，管理学家们提出过很多激励理论和模型，其中斯金纳提出的强化理论至今仍然具有重大的理论和实践意义。

按照这一模式，激励不能局限于行为前的刺激，更重要的是取决于行为后的结果。换句话说，激励来自于行为后果的强化。某种行为出现后，如果会带来具有强化这种行为的后果，反复持续，就能使行为与强化之间形成很强的相倚关系，这样，管理者就可以通过强化来调节这种行为。管理者可以调节强化物的种类、频率、强度，但归根到底，激励作用是由被管理者的自身行为产生的，从而使强化对后续行为形成有效制约，而且具有主动性。例如，能不能拿到奖金，不是由头儿说了算，而是由自己的行为决定的。管理者的作用，不在于直接给被管理者提供刺激，而在于调整行为与强化物之间的相倚关系。

斯金纳之前的激励，往往着眼于对激励对象提供刺激物，只关注刺激物的大小和多少，但是，却不太重视刺激物与激励对象行为后果的关联。这样，很容易使激励失去应有的作用。

斯金纳所强调的不是刺激物本身，而是刺激物与行为后果的联系。如果外在刺激与行为后果没有关联或关联度不大，那么，这种外在刺激就不能促成有效的后续行为。例如，人们往往重视报酬的高低，但如果报酬与当事人的努力没有多少关联，不论报酬的高与低，都无法起到激励作用。在这种情况下的高报酬，不会调动积极性，反而会使当事人对付酬者形成感恩心理或依赖心理。常见的情况是，管理者的激励措施不当，比如，以完成定额作为付酬依据，这就割断了工作质量与报酬的联系，员工的后续行为就很有可能只管数量不管质量。再进一步，如果把质量与报酬也关联起来，员工依然有可能仅仅追求表面的质量而忽视内在的质量。所以，还需要有员工自己对质量的认可程度和追求力度，形成真正有效的相倚联系。来自管理者的赞许和期盼的目光，都会不同程度地起到激励作用。管理者最需要警惕的是，在现实中，有些管理者采取的刺激手段往往会鼓励弄虚作假、蒙混过关。

斯金纳的强化理论发展完善了原来的激励理论，直到今天，仍有重要的实践意义。可以说，无论斯金纳的操作行为主义理论受到怎样的质疑，这一理论在心理咨询与治疗领域以及教育、管理等领域的巨大应用价值都是无可争议的，这是斯金纳心理学思想留给世人的最可贵的珍宝。

四、争议与论战

与华生相比，斯金纳显然要幸运得多，他的学术生涯相当长，他所经历的社会时代背景也几经更迭。在心理学史上，弗洛伊德是较受争议的人物，而斯金纳与其相比，有过之而无不及。

从 20 世纪 20 年代至 60 年代，在行为主义统治美国乃至世界心理学界的时期，斯金纳遇到的批评与质疑并不广泛和深刻，直到 60 年代，认知心理学和人本主义心理学的崛起与发展，使行为主义心理学受到严重的挑战，斯金纳不得不应对这些批评，并重新确立和阐明行为主义的立场。斯金纳曾经与那些反对者展开持久的辩论，其中，较为激烈、持久的论战发生在他与人本主义的代表人物罗杰斯之间，他们曾多次在公开的会议及刊物上进行论战，捍卫各自的立场。

与罗杰斯的辩论

卡尔·罗杰斯是人本主义心理学的代表人物。20 世纪 60 年代，人本主义作为行为主义的反对呼声之一，出现在心理学发展的历史舞台上。人本主义心理学强调人与动物的不同，认为人有主观能动性，人有发展的潜能，人不是被环境随意摆布的动物，人类的行为不都是由于环境作用的结果。显然这样的观点与行为主义心理学是大相径庭的。

罗杰斯与斯金纳有过多次思想的交锋。第一次是在 1956 年美国心理学会的年度专题讨论会上。1956 年 11 月 30 日，斯金纳在《科学》杂志上发表了一篇题为《控制人类行为若干问题》的文章，同年，在美国心理学会的年度专题讨论会上，罗杰斯就此篇文章提出异议，与斯金纳展开了辩论。

尽管罗杰斯和斯金纳都同意行为科学在预测和控制行为方面取得了重大进步，但是，在如何运用知识继续前进和科学的局限性的观点上，两位学者存在很大的分歧。在斯金纳看来，人类行为的目的和标准的选择不可能发生在忽略外界环境状况的领域内。他指出，强调人类主观的重要性将使我们离开聪明地运用科学发现来改善我们的世界的目的。而罗杰斯不同意斯金纳的看法，他相信有一些脱离科学努力的主观标准选择，科学本身不能决定自己的进程，这项任务依赖于作选择和决断的人。罗杰斯认为，个体情感、思维和其他内心经历十分重要，应该成为心理科学研究的对象，客观的科学方法也有作用，但它们应基本被认为是帮助个体成长与形成的途径。他觉得人类发展是个易变过程，如果可获得丰富的现实机会，最后的状况是不可预料的。斯金纳相信行为的客观科学研究应放在首位，他指出，无论喜欢不喜欢，外部环境因素都约束个体并决定其行为，环境可以用最好的方法建造并产生"健康、快乐、安全、有用和有创造力的人"。

1962 年 6 月 11 至 12 日，罗杰斯与斯金纳在德卢斯的明尼苏达大学再次会面，他们进行了更为广泛而直接的对话。罗杰斯指出，"有一股清新的风吹遍世界"，应该重视个体选择和自由等人类经历的主观方面，人类成长的重要标志就是自我了解、个人选择和责任。斯金纳首先承认了罗杰斯的评论相当具有说服力，但是他仍然重申了自己的观点，即关于人类行为的最有价值的假设是指出人类行为是受控制的，但这不表示控制可以百分之百地有效。比如，高薪制度并不能保证每一个工人每天都去上班。薪金制度之外的其他因素也影响到人类行为的控制。斯金纳又进一步指出，虽然我们的行为受到基因和环境的完全控制，但我们却仍可以改造自然世界和社会。

可以看出，行为主义与人本主义最大的分歧即在于对于行为原因的解释，行为主义认为是环境等客观因素决定人的行为，而人本主义认为是人的内在心理过程等主观因素决定人的行为。在罗杰斯看来，斯金纳忽视了有重大意义的人的主观因素，这是不充分、不完全的，"就好比画了一幅无意义的人的图片"。斯金纳举例来支持他的论点，比如一个花了大量时间阅读的人，对文学的这种兴趣是由于内在素质呢，还是特定强化呢？斯金纳认为是后者，罗杰斯认为是前者。就学生的学习而言，罗杰斯更强调学生的兴趣、价值观决定了其学习的进程，斯金纳对此表示异议，他认为学生的学习欲望和兴趣不是与生俱来的，它一定是源自学生过去的某种外界因素与经历，如对学习的材料有过接触。

在文化设计方面，罗杰斯的这句话也许比较尖锐："文化将使人类素质达到极限，一个为人类而非鸽子的文化。"他批评了斯金纳忽视人的主观能动性、把人等同于鸽子等动物，"我不相信任何对人类的研究排除了主观因素后仍是科学"。罗杰斯认为，重视个体选择和自我决定，"将会产生一个开放的、变化的社会"。

斯金纳也作了大量关于文化设计方面的研究，他的著名小说《沃尔顿第二》就展现了一种理想的文化设计。在这个理想社会中，人的行为因文化设计受到良好的控制，在这里，环境发挥了唯一且相当重要的作用。

1962 年的这次论辩之后，罗杰斯与斯金纳在各自所代表的人本主义心理学与行为主义心理学领域内工作了二十年，都在执着地坚持着自己的立场。

为行为主义辩护

从 20 世纪 60 年代起，除罗杰斯外，斯金纳面对的反对呼声越来越强烈，而他始终坚持着一个行为主义者的立场，对各种批评意见予以应对，事实上，他的思想也是在论战中不断完善和清晰的。1974 年，斯金纳将来自各方面的批语意见归纳起来，共二十条，写成并出版了《关于行为主义》一书。斯金纳认为，这二十条批评意见都是对行为主义的误解。

（1）行为主义忽视意识、情感和心理状态。

（2）行为主义忽视先天的禀赋，并主张一切行为都是一个人在后天生活中获得的。

（3）行为主义简单地把行为阐述为对于刺激所作的一套反应，这样就把一个人当作像机械那样动作的人、机器人、傀儡或者机器。

（4）行为主义不准备说明认识过程。

（5）行为主义里没有意向或者目的的地位。

（6）行为主义不能解释创造性的成就——例如在艺术、音乐、文学、科学、数学方面的成就。

（7）行为主义对于自我或自我感觉不赋予任何作用。

（8）行为主义必然是肤浅的，因为不能处理心灵深处或人格的问题。

（9）行为主义只局限于行为的预测和控制，因此失去人的主要性质或存在。

（10）行为主义用动物，特别是小白鼠，而人不被用作实验，因此它所描绘的人类行为只能局限于人类和动物所共有的那些特点，不足以说明人的复杂行为。

（11）行为主义在实验室控制下得到的成果不能在日常生活里重现，因此行为主义对于人类行为的叙述只是未经证实的、虚幻和难于捉摸的玄妙科学。

（12）行为主义过分简单化，且十分天真，因此它所陈述的事实不是失诸琐碎，就是久已为人所共知，无甚稀奇。

（13）行为主义符合科学家所特有的方法或学说，但并不符合精密科学为进行观察和测定结果所制订的规则，行为主义不过是要和所有的各门科学相竞赛而已。

（14）行为主义的技术成就，是运用常识也能做到的。

（15）假若行为主义的论点（如对行为的控制）确实是有力的话，那么这些论点必定能够应用到行为主义科学家本身，而行为主义科学家所说的似乎是他在受到控制的情况下不得不说的话。因此行为主义的论点是被迫作出的，不是真实的话。

（16）行为主义使人失去人性，且毁坏人作为人的身份。

（17）行为主义只注意一般原理，因此忽略了个人的独特性。

（18）行为主义必然地反民主。因为实验者和受试者之间的关系是操纵性的，因此行为主义的结果能够被独裁者使用，而不为具有善良愿望的人所使用。

（19）行为主义把道德或正义这一类的抽象概念当作是虚构的事情。

（20）行为主义对人类生活的温暖和丰富多彩漠不关心，因此和艺术、音乐与文学的创造和欣赏格格不入，与人对人的友爱也不相容。

为了让世人更加清晰地了解并认同其行为理论，斯金纳将众多反对意见条分缕析，予以总结归纳，并一一驳斥，这显示了他科学严谨的态度与坚定不移的立场。在《关于行为主义》一书以及其他一些著作和论文中，斯金纳对上述批评予以辩解，这些辩解可以分为以下四个方面。

第一，关于人性。

斯金纳关于人性的观点招来了许多强烈的批评，他们纷纷指责斯金纳等行为主义者把人等同于动物，并且把人看作受控制的机器，这就抹杀了人的主动性和积极性等本性。斯金纳作了以下辩解：首先，在人与动物的相似性上，受达尔文进化论影响，斯金纳认为，人是高级动物，与其他动物的相似性与生俱来、不可掩盖，行为主义者可以通过对动物的实验结论来推论到人类。其次，关于人与机器。与早期行为主义者把人等同于机器不同，斯金纳认为，人不是简单的机器，而是一种复杂的机器。他在《科学与人类行为》一书的"反射和条件反射"一章中专门有一个小标题叫作"人是机器"。他说："我们已经比较详细地了解生命有机体的工作原理，能够更好地发现它与机器相似的特征。"最后，人的主动性与积极性只是人的一种错觉，人觉得自己自由，实际上并没有绝对的自由，人与其他动物的行为无一不受环境控制。

第二，关于遗传、环境与行为的关系。

遗传、环境到底哪个因素或如何交互作用对行为起决定作用，不同心理学流派对此有不同的解释。很多批评意见指出，斯金纳等行为主义者忽视遗传的作用，过分强调环境的决定作用。斯金纳对此加以驳斥，他指出，华生曾经说过，他可以把一个健康的婴儿培养教育成为医生、小偷、律师等，这完全是"不慎之辞"，因为华生曾经多次提到过遗传的作用。斯金纳摆明了自己的立场，他说自己并没有忽视遗传的作用，他区分了两种行为的获得机制，一种是生存相倚联系，另一种是强化相倚联系，前一种对应的是物种的遗传禀赋，后一种对应的是个人生活史中获得的行为后果。可以看出，实际上，斯金纳认为遗传与环境都对人的行为有影响，只是环境对人的行为起到了决定作用。他曾在书中写道："从有机体的内部寻找行为的原因通常掩盖了一些可以直接用于科学分析的变量。这些变量存在于有机体的外部，处在有机体现在和过去的环境中，它具有一种适合一般科学方法的物理状态，使我们对行为的解释就像科学解释其他事物一样成为可能。"

第三，关于"心灵主义"的概念与术语。

与其他行为主义者一样，斯金纳旗帜鲜明地否认关于感知、意识、人格等内部心理活动的传统研究路径，认为心理学的研究对象只是人的外在行为，不涉及内在心理活动。斯金纳指出，对他这一观点的批评是有失偏颇的，他与其他行为主义者是有所不同的，他并不认为这些"心灵主义"名词和术语不是事实，只是一些语言的虚构。他承认感知、意识、人格等内部心理活动这些事实的存在，但将它们看作是一种外显的行为，实际上，所有这些内部心理活动都与个体在环境中受到强化的经历有关。

第四，关于自由与控制。

斯金纳的行为分析理论旨在对人的行为予以控制，在崇尚自由、平等、人权的西方社会，不难想象，这引起了多少反对呼声。他们高呼，人是自由的，而控制是反自由的，这样将扼杀人的自由意志，并且可能为极权主义张目。斯金纳回应说，人的自由只是一种感觉，好像可以为所欲为，但事实上，人并没有绝对自由，控制也不都是消极的，我们要做的不是取消控制，而是取消那些不恰当的、会带来不良后果的控制，控制有其积极的意义，社会治理与人类文明离不开控制。

通过与各种心理学流派的论战，可以看出，斯金纳执着坚守一个行为主义者的立场。1990 年，直到临终前八天，他在心理学会议上所作的最后一次演讲，还是以《心理学能够是一门关于心理的科学吗》为题，旨在批驳认知心理学对行为主义的批评，在身体极度虚弱的情况下，顽强地坚持着他对行为主义心理学的立场。

五、功绩永存的心理学大师

生于 1904 年的斯金纳，他的人生几乎跨越了整个 20 世纪。1990 年，这位睿智多才的心理学大师的去世，似乎标志着行为主义作为一个时代的终结。斯金纳被公认为 20 世纪伟大的心理学家之一，他对心理学的杰出贡献将永载心理学史册。

1992 年，美国心理学会发行量最大的刊物《美国心理学家》专门出版了一期纪念斯金纳的文章，分析了他对心理学的贡献。文章指出，斯金纳对心理学的杰出贡献一方面在于他发展了巴甫洛夫的经典条件反射和华生的古典行为主义理论，凭借精确严谨的行为分析方法，建立了影响深远的操作行为主义体系，对一些难以回避的"主观"现象坚持以操作强化原理进行具有说服力的解释，极大地提高了我们预测和控制有机体行为的能力。斯金纳秉承了华生极端客观主义的行为主义立场，用一生捍卫行为主义，直到生命的最后一刻。也正是由于斯金纳一生勤奋不懈的努力，使得行为分析在当代仍是心理学的一个重要领域。他逝世以后，以他的操作条件反射为基本原理的行为分析仍然十分活跃。《行为实验分析杂志》（1958年创刊）和《应用行为分析杂志》（1968年创刊）仍然坚守着斯金纳的激进行为主义传统。也有许多行为主义心理学家指出斯金纳的另一方面贡献在于，他推动了心理学的应用研究。斯金纳的理论之所以具有活力，其秘密武器便是他不局限于理论研究，从一开始他就将目光投向应用领域。他的影响远远超出了心理学学术界，他的社会控制计划以及许多实物发明让他在美国家喻户晓。斯金纳的操作条件反射理论以及强化理论，被广泛应用于教育、心理咨询与治疗等领域。

与任何一种理论流派一样，行为主义心理学作为心理学的一个重要理论流派，有贡献也有局限。不能不指出，行为主义心理学有其难以克服的局限性，事实上，它遭遇的批评与非议是心理学历史上不多见的。斯金纳作为华生的行为主义的正统传人，其对心理学客观主义立场的坚持，使他被视为激进行为主义的代表。他认为心理学只研究行为，不必思考黑箱子一样的内在心理过程，人与动物没有本质区别，心理学的研究只能用实验尤其是动物实验等实证的方法，唯有此，心理学才能成为一门真正的科学。一个理想的人类世界是以强化理论为基础的。正是这样有些绝对和极端的观点让人们质疑。一个观点能否经得起将近一个世纪的发展的考验，这本身就是一个难题，斯金纳给自己出了这样一道难题，或许，承认某种思想与理论的局限，是一种更科学的立场。

但是，当某种东西一旦成为信仰，改变将是困难的。斯金纳显然将行为主义当作一种信仰来看，否则不会在离开这个世界的前一刻还在维护着他的信仰。然而，从另一个角度来看，也许只有具有坚定立场、将其思想视为一种信仰的大师，才能将一种思想或理论发挥到极致。出于这样一个悖论，让我们以宽容之心、胸怀敬意看待那些"偏激"的思想大师。

斯金纳的一生是充实而有意义的，也是非常幸运的，尽管争议与批评一直伴随在他周围，尤其在其晚年及去世以后，但最终他还是得到心理学界的承认与高度赞扬。这位心理学巨人闪耀着光辉的一生，让人们永远怀念和尊敬。

第4章

发明家

——从斯金纳箱到教学机器

　　行为主义心理学家斯金纳一生都在研究动物及人类的行为，与内省型心理学大师截然不同，他喜欢天马行空独自遐思，与自己的心灵对话。当然，在他看来，心灵是没有用的东西，他喜欢的是去做，去行动。斯金纳具有超强的行动力，动手能力突出，从小就喜欢发明制作，做过许多有趣和有用的小玩意儿，说出来简直让人眼花缭乱。斯金纳成年后，对做东西依然兴趣盎然，搞一个有意义而实用的发明出来，对他并不是难事。值得一提的是，20世纪30年代，面对纳粹引起的战争，如何来控制导弹呢？斯金纳觉得除了雷达之外，还可以有其他方法。他曾试图通过训练鸽子来控制导弹，虽然最后没能成功，但人们对其创造性思维可见一斑。结婚后，为了让刚出生的女儿有一个更舒适和自由的空间，斯金纳发明了"空气自动调节育婴床"，并推向市场，为当时许多美国家庭所用。在心理学的研究中，斯金纳主张通过实验的方法去研究动物的行为。他的操作行为强化理论正是以实验为基础提出的，而实验的主要器具也是斯金纳自己制作的，这就是举世闻名的斯金纳箱。此外，为了将自己的行为控制理论在教育界付诸实践，斯金纳研制出一种教学机，曾一度在美国学校里流行，对美国教育的发展有深远的影响。可见，斯金纳不仅有聪明的头脑，还有超凡的制造才能，称得上是一位伟大的发明家。他的许多发明创造都可以申请专利。

一、从小喜欢制作

与成人相比，小孩子都是有强烈的好奇心的，而与同年龄的小伙伴相比，斯金纳有着更强的好奇心和求知欲。他从小不但爱好读书，喜欢探索和思考，并且总是喜欢行动，比如拆装家里的一些东西。他在机械制造方面表现出过人的才能，经常鼓捣各式各样复杂的小玩意儿。可以想见，长大以后斯金纳的许多发明创造，如空气自动调节育婴床、斯金纳箱、程序教学机器等，与他小时候就开始的创造和制造训练有关。按照斯金纳的环境决定行为的理论，他自己之所以表现出更多的制造行为，是因为他拥有的环境强化了他的这些行为。让我们来看看斯金纳所生活的环境。

斯金纳家所在的车站小镇，很多设施没有得到很好的管理，到处是混乱的景象。斯金纳家附近的公路两旁以及斯金纳家后面的院子都经常是乱糟糟的，长满杂草，东西也收拾得并不整齐，而这些正给了爱动脑动手的小斯金纳很多想象的素材和创造的空间。他与小伙伴一起玩耍着，用自己的各种小发明点缀童年的快乐时光。

他这样回忆自己那些有趣的发明创造：

我们在这片漂亮的沙壤上挖深坑，又用挖出的沙堆山丘。我们造小木屋，曾经用的是晒干了的、涂了红颜色的木板，它们是在人们所做新的公墓篱笆时得来的。取自火车站地板的厚厚的、油浸泡过的橡木板则被我们用来做滑梯（很容易裂）。

……

我常喜欢制造各种各样的玩意儿。我制造过有轮子的滑橇，有驾驶盘的小推车，制造过雪橇，以及可以在浅水上用篙撑驶的木筏。我制造过跷跷板、旋转木马、滑梯、弹弓、弓箭、喷枪，用竹节做水枪，还用废锅炉做了一门蒸汽炮，能把土豆和萝卜当炮弹射过邻居的屋顶。我们制作陀螺、空竹、用橡皮筋推动的飞机模型、测量气象用的风筝箱，将白铁片制成螺旋桨，用卷轴和绳子作推进器把它推上天空。我们多次试制可供自己驾驶的滑翔机。

我爸爸是一个很认真的共和党人。在他订阅的《费城杂志》上常刊登路比·戈德堡的漫画。有时我从这些异想天开的漫画中得到启发而搞各种发明创造。例如，我常和一个小伙伴采摘甜野莓去沿街叫卖。为了把青莓和熟莓分开，我制作了一种浮选机。我还花了好几年时间从事永动机的设计，当然结果毫无成就。

从弹弓到滑翔机，斯金纳的发明让人眼花缭乱，其实，除了上述这些，还有许多其他的东西，比如笛子，小烟盒提琴，一种类似乒乓球的游戏，他做的竹蜻蜓可以飞上高空。有一次，斯金纳的妈妈一连几个星期都检查他是否把睡衣整齐挂到衣橱里，斯金纳就利用滑轮做了一种装具，如果衣服没挂好，这种装具上连接衣橱的一块板就会滑到门口挡路，上面写着"请把睡衣挂好"，斯金纳的妈妈看了真是哭笑不得。从这件小事可以看出斯金纳聪明、顽皮、好动手制造的个性。

二、制作空气自动调节育婴床

斯金纳毕生从事人类行为的研究，他的行为主义思想与理论不止体现在书本与学术里，还渗透在生活的方方面面。在斯金纳看来，人与动物区别不大，人只是稍微复杂一些的动物，所以，他把人与动物统称为有机体。他坚持对动物做实验，并认为实验的结论也适用于人类。虽然他的这种观点遭到了巨大的非议，但他始终坚持着自己的观点，从未有过怀疑和改变。斯金纳甚至用行为控制法去养育自己的女儿，二女儿德博拉出生后，斯金纳专门设计了一种特殊的育婴床，有人称这是另一种斯金纳箱，指责斯金纳拿自己的女儿做非人的试验。

美国作家劳伦·斯莱特在《20 世纪最伟大的心理学实验》一书的后记中写道："本书始于寻找斯金纳的女儿德博拉……德博拉的一生就像个扑朔迷离的谜团，我找不到她本人，只是确定她还活着，我也找不到有关她精神状态的资料。身为父亲的实验对象多年，她现在过得好吗？生活快乐吗？生活各方面是否都安然无恙？我不知道。"斯莱特说，斯金纳把女儿放在斯金纳箱进行心理实验，导致她的精神疾病和自杀。但事实证明，斯莱特对斯金纳的指责是歪曲事实。德博拉精神健康，成为一名艺术家，嫁给了一位经济学家。当德博拉得知此事后，在英国发表文章，愤怒地指出斯莱特的不实之词——不但改编了旧的谣言，还制造了新的谣言。

斯金纳可谓是心理学史上最具争议的心理学家之一，受到这样的责难对他来说似乎已是平常事了。那么，斯金纳为什么要制作一个"育婴床"，它到底是什么样的呢？

1936年，斯金纳与妻子结婚，婚后生一女儿，到二战结束时，他们决定再生一个孩子，而养育孩子的头两年非常辛苦，斯金纳就萌生了借用机械的方法来抚养孩子的念头。当二女儿出生后，斯金纳看到当时市面上的婴儿床都很简单，婴儿在里面穿着厚厚的衣服，被围得严严实实，下面铺着床单、毡子、床垫，活动很不方便，这些都与婴儿自由发展的身心需求相违背，于是，斯金纳决定自己制作一种新型的婴儿床。

动手能力极强的斯金纳经过一段时间的研制，新型小床做成了。与当时市场上通用的婴儿床不同的是，严格地说，这是一个箱子，不是一个床，因为上面是封闭的，但却是透明的，设有玻璃观察窗，装有空调，里面的温度是可以调节的，婴儿在里面不需要穿衣服，只需围着尿布，这样就大大增加了其自由活动的可能，睡眠与玩耍都不受限制。

斯金纳的二女儿德博拉就是在这个小床里长到两岁的。当时，斯金纳在《妇女之家》杂志上专门撰文介绍了他的新发明，把它命名为"空气自动调节育婴床"，并在市场上普及，有一段时间，许多美国家庭都在使用着这种新型育婴床。

有一次斯金纳在公众场合谈到这个育婴床时，使用了"装具"一词，引起一些人的反对，似乎他在把女儿当作实验对象，像对待实验室的鼠与鸽子一样对待德博拉。在尊重人的权利与价值的美国主流文化里，斯金纳受到相当多的批评，可是，事实总是事实，不是可以想象和歪曲的，如何看待斯金纳的行为主义观点是一回事，而对女儿的养育方式又是另一回事，不可混为一谈。当时，斯金纳发明的"空气自动调节育婴床"不但是他家里的新鲜玩意儿，让他和妻子节省了不少的时间和精力，让德博拉更自由健康地成长，也曾经在美国的一些家庭风靡一时。

多年之后，斯金纳在自传中写道：

> 现在还没有听说过或预见到有什么不良的结果。我们的第二个女孩德博拉在滑冰时曾把腿摔坏了，但这和她生长于"婴儿箱"看来没有什么关系。如果不是因滑冰摔断了腿，她是很健壮的。她现在已上大学，对艺术和音乐颇有兴趣。她喜欢巴赫和比特的作品，她和我下棋，还常常把我击败。现在该结束有关我"婴儿箱"和我的孩子们的故事了。我的大女孩叫朱丽叶，嫁给一位社会学家，他叫瓦尔加斯。朱丽叶从事教育研究工作，得到哲学博士学位。她的第一个小孩，叫莉莎，不用说，我这个外孙女，现在也正在一个"空气自动调节育婴床"中养育着。

三、发明斯金纳箱

就像提到桑代克，人们就会想到他迷笼中的猫一样，提到斯金纳，就不能不让人联想到斯金纳箱与箱中的老鼠。在斯金纳一生诸多的发明创造中，这个箱子可以说是重中之重了。它不是普通的箱子，正是它带来斯金纳的著名的操作行为理论以及他一生的荣耀。

斯金纳正是采用斯金纳箱进行各种动物实验，研究和提出操作行为。它与斯金纳同样著名，后来被世界许多国家的心理学家和生物学家广泛采用。

　　那是 20 世纪 30 年代后期，斯金纳为研究操作条件作用行为，精心设计制作了一种特殊的实验仪器，这就是斯金纳箱，是为了进行动物的操作行为或操作性条件作用的实验而设计的特定装置，因由斯金纳创造和使用而得名。实验的目的在于印证动物在所面临的环境中如何从自发活动开始，依据操作性条件作用原理自主地解决其适应和存活问题。斯金纳的大部分实验都是在这个箱子里完成的，最初是以白鼠为实验对象设计的，后来也用同一原理对鸽子等其他小动物进行实验。

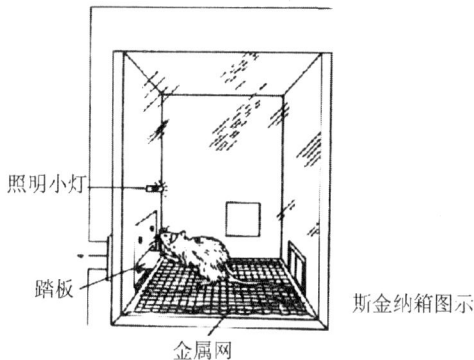

斯金纳箱图示

　　与桑代克的迷笼相同的是，斯金纳箱也是用来对动物做实验的，把动物放入其中，控制和改变一些条件，观察动物的反应和行为，研究行为变化与发生的规律。但斯金纳箱显然比桑代克的迷笼要先进许多。斯金纳箱是一个隔音箱，箱子的构造尽可能排除一切外部刺激，它高约三十三厘米，长方形，一面是单向玻璃，以便于观察动物而不惊扰它，其底部是金属网，可产生电击。箱内有照明小灯，并有一根连接着食物台的杠杆或一块踏板（见图示）。箱子里有一个开关（如用白鼠为被试者，即是一小根杠杆或一块木板；如以鸽子为被试者，就是一个键盘）。开关连接着箱外的一个记录系统，用线条方式准确地记录动物按或啄开关的次数与时间。

在实验时，并不是动物每一次按杠杆或啄键盘都给食物，食物的释放方式由实验者决定。一面的箱壁上有一根横杆，装在一只小食盘和喷水口上面。动物在笼子里面爬来爬去，当它碰巧把前爪放在横杆上并压下它时，一粒饲料会自动落到食盘里。笼子外面连接的一些设备会自动地在移动纸带上画出一条线，一分钟一分钟地记录压下横杆的次数，从而记录动物的行为。这样更容易收集数据，实验者所做的工作也更为简单、容易，他们不需要时时盯着里面的动物，更不需要在横杆压下时及时地递送饲料，而只需要查看纸带上的记录就行了。实验者将饥饿的动物放到箱里，当它偶尔按压杠杆或啄键盘时，便可得到一点食物，以此建立操作条件反射。实验者通过改变实验程序，就可以改变动物的行为模式。

关于斯金纳箱，斯金纳在《有机体的行为》一书中有过介绍：

> 我用以实验的操作活动是将一个小杠杆向下压的行为。一个典型的杠杆是由一根铜棍制成，它在仪器中的位置在图中可以看到。白鼠所能接触到的部分是装在实验箱壁上的 8 厘米长的一段，它和箱壁平行，离箱壁约 1 厘米，离箱子底板约 8 到 10 厘米。白鼠将杠杆向下按压时，它必须从底板上将前腿抬起，将一只或两只前腿扒到横杠上，用大约 10 克的压力向下按压。横杠的垂直运动大约经过 1.5 厘米的距离。

这位从小就喜欢动手制造的发明家，在心理学的研究中过足了发明的瘾。斯金纳箱的发明，对他来说是很容易和自然的事。而斯金纳箱在半个世纪以前曾经广泛出现在世界许多国家行为主义心理学实验室中，并且不止于此，后来，它不只被用于研究动物行为的塑造，而且被广泛地用于脑和行为科学的研究。例如，观察刺激脑的某些部分或脑的某些部分的损伤，以及某些药物的使用对动物行为的影响，等等。可见，斯金纳箱影响之深远，实用意义之重大，单凭这只箱子，就足以让斯金纳名垂史册了。

四、教学机器之父

1953 年 11 月 11 日，斯金纳应邀参观女儿所在的一所小学，并旁听一堂算术课。这堂课给他留下了深刻的印象：

> 我骤然发现，整个教学情境显得十分荒谬。那里坐着 20 个十分可爱的有机体，但是那位教师却违反了我们所熟悉的关于学习过程的几乎所有的原则和做法，虽然这不能完全归咎于她本人。

20 世纪 50 年代，斯金纳的操作条件行为理论已经逐渐完善，而这次女儿的学校之行让他开始发现当时美国学校教学制度存在的种种问题。斯金纳对美国当时的教育制度的强烈忧患意识，其实还有着深刻和广阔的时代背景与全球背景。

1957 年 10 月，苏联第一颗人造地球卫星发射成功，惊醒了沉睡中的美国人，而后来日本的快速发展，更使当时美国的有识之士纷纷反省与应对。斯金纳也陷入深深的忧虑之中，他认为，完全可以用自己的操作条件行为控制理论去弥补当时教育的缺陷。

斯金纳认为，当时的教学方式没有鼓励学生主动学习，学生学习后没有得到及时强化，而学习是一种主动行为，当主体学习时反应速率就增强，不学习时反应速率则下降。因此他把学习定义为反应概率的变化。在他看来，学习是一门科学，学习过程是循序渐进的过程；而教学则是一门艺术，是把学生与教学大纲结合起来的艺术，是安排可能强化的事件来促进学习，教师起着监督者或中间人的作用。斯金纳十分强调行为发生后的及时强化，但他发现当时的课堂教学并不是这么回事。斯金纳激烈抨击传统的班级教学，指责它效率低下，质量不高。他根据操作性条件反射和积极强化的理论，对教学进行改革，设计了一套教学机器和程序教学方案。使用这种机器，学生可以按照自己的能力为自己设定步调，确定学习进度；可以及时从机器中获得反馈信息从而调整自己的学习活动。

教学机器是一种外形像小盒子的装置，盒内装有精密的电子和机械仪器。它的构造包括输入、输出、贮存和控制四个部分。教学材料分解成由按循序渐进原则有机地相互联系的几百甚至几千个问题框面组成的程序。每一个步骤就是一个框面，学生正确回答了一个框面的问题，就能开始下一个框面的学习。如果答错了，用正确答案纠正后再过渡到下一个框面。框面的左侧标出前一框面的答案，成为对该框面问题的提示。一个程序学完了，再学下一个程序。

斯金纳认为课堂上采用教学机器，与传统的班级教学相比较有许多优点。第一，教学机器能即时强化正确答案，学习效果的及时反馈能加强学习动力。而在班级教学中行为与强化之间间隔时间很长，因而强化效果大大削弱。第二，传统的教学主要借助厌恶的刺激来控制学生的行为，学生学习是为了不得低分，不被教师、同学、家长羞辱等，从而失去学习兴趣。教学机器使学生得到积极强化，力求获得正确答案的愿望成了推动学生学习的动力，提高了学习效率。第三，采用教学机器，一个教师能同时监督全班学生尽可能多地完成作业。第四，教学机器允许学生按自己的速度循序渐进地学习（即使一度离校的学生也能在返校后以他辍学时的水平为起点继续学习），这能使教材掌握得更牢固，提高学生的学习责任心。第五，采用教学机器，教师就可以按一个极复杂的整体把教学内容安排成一个连续的顺序，设计一系列强化相倚联系。第六，教学机器可记录错误数量，从而为教师修改磁带提供依据，结果是提高了教学效果。第七，学习时手脑并用，能培养学生的自学能力。

采用机器教学必须把教学内容编成程序输入机器，因此，机器教学就是程序教学，但程序教学不一定要用机器。斯金纳程序教学的主要原则有五条。

第一，积极反应。斯金纳认为，传统的课堂教学是教师讲学生听，学生充当消极的听众角色，没有机会普遍地、经常地作出积极反应。传统的教科书也不给学生提供对每一单元的信息作出积极反应的可能性。程序教学以问题形式向学生呈现知识，学生在学习过程中能通过写、说、运算、选择、比较等作出积极反应，从而提高学习效率。

第二，小步子。斯金纳把程序教学的教材分成若干小的、有逻辑顺序的单元，编成程序，后一步的难度略高于前一步。分小步按顺序学习是程序教学的重要原则之一。程序教学的基本过程是：显示问题（第一小步）——学生解答——对回答给予确认——进展到第二小步……如此循序前进直至完成一个程序。由于知识是逐步呈现的，学生容易理解，因此在整个学习进程中他们能自始至终充满信心。

第三，即时反馈。斯金纳认为，在教学过程中应对学生的每个反应立即作出反馈，对行为的即时强化是控制行为的最好方法，能使该行为牢固建立。对学生的反应作出的反馈越快，强化效果就越大。最常用的强化方式是即时知道结果和从一个框面进入下一个框面的活动。这种强化方式能有效地帮助学生提高学习信心。

第四，自定步调。每个班级的学生在学习程度上通常都有上、中、下之别。传统教学总是按统一进度进行，很难照顾到学生的个别差异，影响了学生的自由发展。程序教学以学生为中心，鼓励学生按最适宜于自己的速度学习并通过不断强化获得稳步前进的诱因。

第五，最低的错误率。教学机器有记录错误的装置。程序编制者可根据记录了解学生实际水平并修改程序，使之更适合学生程度；又由于教材是按由浅入深、由已知到未知的顺序编制的，学生每次都可能作出正确反应，从而把错误率降到最低限度。斯金纳认为不应让学生在发生错误后再去避免错误，无错误的学习能激发学习积极性，增强记忆，提高效率。

程序的编制模式分直线式和分支式两种。斯金纳创造的是直线式程序，其基本模式是①→②→③→④……即学生学了第一步后作出回答，不管答案正确与否，机器接着呈现正确答案，然后进入下一步，依此类推，直到学完一个程序。随着对程序教学研究的深入，其他流派的心理学家对斯金纳的程序教学原则提出了不同看法，并用不同方法编写程序教材，出现了由美国心理学家克劳德提出的分支式程序，也叫内在程序。克劳德认为，人的学习途径是多样的，受多种因素的影响，因此根本不可能编制一种能完全避免错误的程序。他把学习材料也分成小的单元，但步子比直线式大，学生学习一个逻辑单元后就进行多重选择测验，根据测验结果决定下一步的学习。如选择正确，可引入下一单元的学习；如选择错误，则引入补充分支程序给予补充说明，纠正错误。

1954 年，斯金纳发表了题为《学习的科学与教学的艺术》一文，提出实用教学机器能解决许多教学问题，推动了当时的程序教学运动的发展。在他的领导之下，新教材开始编制，教学机器也在各大中学校广为应用，一时间在教育界掀起了一场轰轰烈烈的程序教学运动，并在 20 世纪 60 年代风行一时。而斯金纳根据对操作性条件反射和强化作用的研究发明的"教学机器"并设计的"程序教学"方案，对美国教育产生了深刻影响，被誉为"教学机器之父"。程序教学和教学机问世以来，对美国、西欧、日本有较大影响，被广泛用于英语、数学、统计、地理、科学等学科的教学中。但由于它自身也存在弊病，如在策略上过于刻板，注重对教材的分析，把教材分解得支离破碎，破坏了知识的连贯性和完整性。程序教学着重于灌输知识，缺乏师生间的交流和学生间的探讨，不利于创造性思维能力的培养。因此，程序教学只能作为教学的一种辅助手段。60年代后期，程序教学机开始衰退，教学机也较少再被使用，但其基本思想却保留下来，并成为今天计算机教学的雏形。

从小时候五花八门的小创造、空气自动调节育婴床，到斯金纳箱、教学机，可以看出，斯金纳不仅仅是一位心理学家、思想家、理论家，他还热衷于将头脑中的想法和思想付诸行动与实践，并制造出各种机械装具，其影响不仅仅在心理学界，而且在教育界，甚至在整个文化界里，他都绝对可称作是一位伟大的发明家。

第5章

社会改革家
——忧患社会、世界与人类

　　斯金纳不仅是心理学界公认的大家，而且为美国社会科学界及公众所熟知。他一生都致力于将其心理学的理论与思想应用到整个社会和普通民众的生活中，他远不是象牙塔里钻研远离生活实际的某些高深理论的老学究。对斯金纳来说，当初放弃文学，转而投身心理学，是因为他着迷于去理解和解释人类行为发生的原因，对于人类社会以及世界所存在的一些问题有着深深的忧患意识。他苦苦地想从心理学中找寻答案，最终他认为自己找到了普世的真理，这就是以操作条件反射理论为基础的操作行为控制理论，他认为是可以包治人类社会百病的良药。斯金纳的理论与思想在教育界实践得较多，乃至推动了教育界的一场革命，即教学机运动。他所创作的文学作品《沃尔顿第二》就是他心中理想社会的缩影。从这个意义上说，斯金纳还是一个伟大的社会改革家。

　　斯金纳在行为主义理论基础上提出改造社会的主张，即其行为控制理论可分为两大部分。第一部分，斯金纳的行为控制与文化设计的内容。这主要体现在 1953 年出版的《科学与人类行为》一书，后期斯金纳又对行为控制理论作了系统的完善与阐述。第二部分，行为控制的合法性。因斯金纳的理论旗帜鲜明地与前人不同，批判和驳斥了一些传统观点，然后提出了自己的观点，这些观点紧紧围绕着如何看待自由、尊严，如何看待对行为的控制，这是其全部理论最基础的部分，是基石。斯金纳试图扫清人们对自由、尊严、控制这些概念的误解，指出行为控制的合法性。1971 年，斯金纳专门写了《超越自由与尊严》来正本清源，辩解与驳斥人们的反对意见。

一、行为控制

1948 年，斯金纳在写完了《沃尔顿第二》之后，其谈论控制人类行为的问题更趋于公开化了。当他在印第安纳大学任教时，就已经开始其对控制行为的研究了。当时的斯金纳已经拥有了一定的声望，生活还算是比较富裕的。他当时在麦安纳的莫海干岛有自己的别墅。1955 年，斯金纳就是在别墅里写成了《自由与人类的控制》一书，在这本书中，斯金纳对于自由与决定论的问题，采取了比较激进的立场，这一立场受到严厉的批评，尤其来自一些人道主义者。在批评者的眼中，斯金纳的行为控制理论背离了西方的民主思想，他被骂成是法西斯分子、阴谋者等各种称号。斯金纳对此予以驳斥，他说："我相信人类现在应该计划自己的前途，而且在解决必将产生的问题中，应该充分利用一种行为的科学。最大的危险不在于科学会被专制君主为自私目的滥用，最大的危险在于那种所谓'民主原则'将阻止人们应用科学向人道的目标前进的善良愿望。"

1953 年，斯金纳出版的《科学与人类行为》一书，是其全部行为理论与文化设计的总结。

行为控制理论的渊源——进化论

斯金纳的行为控制理论有其哲学基础，这个哲学基础就是进化论。斯金纳深受达尔文进化论的影响，认为两种不同的进化过程决定了人类及其文化的产生：一种是人类种族的生物进化过程，另一种是人类的文化演进过程。由这两种进化过程引发三种变异与选择，即自然的变异与选择、操作性行为、文化。

第一种变异与选择是自然的变异与选择。物种在自然进化过程中通过生存性相倚联系存活下来，正是生存性相倚联系使物种可以适应环境。但是，未来环境如果出现变化，这种变异与选择就难以对物种的生存发挥作用，这就需要第二类的变异和选择。

第二种变异与选择就是操作条件作用。有机体的行为因为其后果受到强化，而保留下来强化性相倚联系。这使得有机体能够控制自己的行为以适应环境的变化。但是由于这种相倚联系发生与形成过程较为缓慢而不能适应激烈快速变化的环境，所以，有机体最常采用的方式是模仿。模仿在这里是指后代有机体学习前代有机体的经验即强化性相倚联系以应对变化的环境。斯金纳指出，对于人类来说，还有一种相倚联系叫作社会性相倚联系。人类区别于动物，有言语行为与文字，可以通过教育使行为技术与经验代代相传，从而构成一种社会环境，这就是社会性相倚联系。斯金纳认为，社会性相倚联系普遍存在于社会环境中，包括政治、经济、法律、宗教、教育等。

第三种变异与选择就是文化。在不同的地域和种族变异及选择过程中产生了不同的文化，不同的文化帮助社会成员解决其生存中遇到的问题时的效果不同，只有解决了问题的成员才能存活下来，这样相应的文化习俗也就保留下来。文化属于第三种变异与选择。斯金纳指出，在当今社会中，现有的文化已暴露出种种弱点，不能有效应对和解决一些众所周知的社会问题，比如，环境污染、战争、核威胁、人口剧增、能源短缺等，这些带有全球普遍性特点的问题单靠某一种文化是难以解决的。在斯金纳看来，解决这个难题的出路在于文化设计，通过在文化设计中发挥行为技术的作用，帮助人类改变行为以适应当今的世界从而更好地存活下去。

斯金纳的行为控制理论的理论前提，就是在达尔文的进化论基础上引申出的三种变异与选择。也就是说，首先，各物种通过自然的变异与选择获得生存性相倚联系，这些生存性相倚联系可以使各物种适应与过去经验相同或近似的环境；其次，各物种的个体通过操作性条件作用得到强化性相倚联系，凭借它人类可以控制自己的行为以适应变化的环境；最后，人类改变了世界，同时通过文化的变化而改变了自身。可以看出，斯金纳的进化论与一般的进化论不同，即强调文化进化与人的行为间的关系。

行为主义哲学的基本观点

斯金纳的行为控制理论，不是单纯的心理学理论，更是一种哲学观点。以进化论为核心，其主要提出如下哲学观点。

（1）研究对象为外显行为。作为一个行为主义者，斯金纳恪守行为主义的立场，反对传统心理学只研究人的意识等内在因素，而主张研究外显行为。他指出，心理学无须去理解那些主观的心理因素，如意识、情感、人格、动机等，而只需研究人的行为，具体来说就是通过探讨行为与环境间的关系，来研究人的行为的规律，这就是心理学的真正使命。

（2）强调人的生物性。与行为主义者一脉相承，斯金纳的理论以进化论思想为指导，把人看作是大自然所有生物种群中的一类。虽然人与其他动物有区别，但并不是本质区别，因此，他主张，心理学可以也必须按照生物学、物理学等自然科学的研究方法去研究人的行为，只有这样心理学才是一门真正的科学。

（3）进化的核心在于选择。斯金纳认为，推动进化的核心力量是选择，环境在有机体行为发生之前与之后同样起作用。环境起作用的方式是不知不觉和潜移默化的，行为靠这种选择作用而形成和维持下来。斯金纳指出，有机体与环境间的相互作用的这种相倚联系，在理论与技术两方面都有其重要的用途。在理论层面，由于一定的行为后果会导致一定的行为，所以，通过创造一定的环境条件可以研究受到强化的操作性行为。复杂的相互依存的相倚联系，可以用来解释情感、目的、意图、人格等内在心理状态。在技术层面，也就是行为控制技术的最终目的，是通过对相倚联系的安排和设计对环境加以控制。

斯金纳从自然科学出发去阐述其行为控制理论，因此，他把自己的理论称为科学哲学或行为科学。但是，对于人的行为与环境关系的考察，相较于自然环境，斯金纳更强调社会环境的影响，即强化性相倚联系和文化设计的作用。

个人控制与群体控制

斯金纳的行为控制理论将控制分为个人控制与群体控制两种基本形式。与群体控制相比，个人控制无论怎么样也是微弱的。个人控制的这种局限性决定了其通常分为两个步骤实现控制，首先，个人要建立和保持与受控者之间的关系，很显然，如果关系不建立好，一切控制与影响都没效果。比如一个心理医生要想对他的患者施加影响和控制，其首要任务就是要保证与患者建立信任的关系，让患者愿意接受心理医生的治疗。

那么，个体又是如何对他人施加控制的呢？斯金纳对个人的控制技术作了深入细致的分析。在《科学与人类行为》一书中，他把控制技术分为两大类，一种是物理限制，一种是非物理限制。对有必要能力的人来说，最迅速有效的可能就是物理力量，用强力控制某人的行为，其中不激烈的方式包括手铐、监狱、集中营等，而激烈和极端的方式就是屠杀，通过让个体死亡来阻止其某种行为。斯金纳认为，这种物理限制或运用强力的控制具有很多弊病，它不会对控制行为产生长久的和真正的影响，这种控制手段几乎都是被用来阻止个体行为的，但对于增加其行为几乎没有效果，而且强力的控制不会改变一个人的内心，还会带来强烈的对抗情绪。另一种控制技术是非物理限制，通过改变环境来影响个体。斯金纳列出的非物理限制的控制技术，主要包括以下八种。

（1）操纵刺激。个体通过呈现某种可以诱发特定反应或行为的条件或环境来实施控制。比如商店里的物品以容易吸引顾客的方式进行摆放，最成功的商品广告是让人看了之后忍不住就去购买那种商品，个体的言语或非言语的符号都是可以引发行为的刺激，操纵这种刺激就可控制某种行为的发生或不发生。

（2）强化。斯金纳的操作行为理论表明，强化是一种最常用的控制技术。强化物可以是物质的报酬，如金钱、物品等，也可以是精神的报酬，如表扬、赞扬，还可以是生物性的，如性满足等。

（3）施加厌恶刺激。这种厌恶刺激可以是对一个孩子施加的打骂，也可以是一个国家挑起战争，或用激将法让他人产生愧疚而导致某种行为。厌恶刺激是会带来相应反应的强化。

（4）惩罚。在斯金纳的许多著作和文章中，都谈到惩罚。在斯金纳看来，惩罚是现实生活中最常见的行为控制技术，但它是一种值得怀疑的技术，它并不是一种好的控制技术，不但达不到控制的目的，而且会带来诸多副作用。从长远看，惩罚会带来许多负性情绪和不适应性行为，如仇恨、焦虑、报复、逃避等。原因在于，惩罚虽然可以及时降低某种行为，但这种降低是暂时的，不会维持长久。惩罚是对行为的暂时的压抑，但不是减少行为的总数。这是因为，按弗洛伊德的理论来分析，惩罚只能暂时在外表控制某种行为不发生，但不能改变一个人内心的想法，往往压抑了真实想法，所以，并不会真正或从长远上减少这种行为，一旦惩罚结束，还会再复发。

（5）强调强化中的相倚联系。单纯基于强化与惩罚有时并不一定控制行为，而弄清行为与后果之间的关系，以及安排各种强化程序，却可以控制人的行为。比如，"弹这一段，直到你不出一个错为止"，"当你可以跳过这个高度的栅栏时，将它再移高一英寸"。

（6）剥夺和餍足。强化物所具有的强化效果，来自于一定程度的剥夺。如果想要将糖块作为一个孩子某种行为的强化物，就要保证这个孩子在其他情况下不能得到糖，否则就难以达到令人满意的强化效果，这就是剥夺的作用。斯金纳所讲的"餍足"是指提供给个体大量其想要得到的东西，这也是一种控制技术，它经常用于减少或消除一个行为，比如，卖淫的合法化可以减少那些由于得不到餍足而实施强奸行为的概率。可以看出，单纯的强化效果并不一定好，如果可以结合剥夺与餍足来实施强化，效果会非常好。

（7）情绪。情绪通过影响人的态度等心理倾向来控制人的行为。改变人的情绪倾向的技术有"幽默""诱导""欺骗""蛊惑""降低恐惧""平息愤怒""缓解焦虑"等。

（8）药物的使用。药物包括可卡因、吗啡、酒精等，如被用于对精神病人的控制、对晚期癌症患者的除痛治疗，也用于人际交往中想获得对方的隐秘信息等。

群体控制是一种更广泛的控制形式。在群体中，控制是不可避免的。在斯金纳看来，一个社会中，控制无处不在。他在《科学与人类行为》一书中，分析了政府、法律、宗教、教育、心理治疗、经济等控制机构中存在的群体控制。

控制的机构

在《科学与人类行为》一书中，斯金纳系统论述了人类控制的若干形态。他说，在一个群体中，人们主要通过强化或惩罚对其成员进行一种伦理上的控制，群体的控制形式可以多样，但不够完善，为了能有效提高群体控制的效率，群体内部出现一些控制机构，由这些控制机构掌握着特定的几组变量。

这些控制机构，主要包括政府、宗教、心理治疗、经济和教育。斯金纳认为，以上这些控制机构所隶属的学科间彼此的理论是相隔离的，一个学科的概念很难有效地运用于其他领域，但是人并不是被割裂成这么多不同的部分的。我们可以建立一个行为模式，这个模式可以通用于各个学科领域，可以有效解释所有领域内的事实。斯金纳指出，人类所有复杂的事实都可以通过人的行为加以解释，通过关于行为的函数分析来进行各学科的研究。这种解释大大优于传统的模式。因此，可以进一步考虑总体文化对个体的影响，这就是文化设计的作用，适当的文化设计可以使所有的控制机构以及其他社会环境共同发生作用，控制人的行为，并产生比较简单一致的效果。行为主义者的任务就是要研究和解释这些控制机构如何对个体施加影响，而被控制的个体又是如何反过来对控制机构施加影响，如何通过一种强化作用维持机构的控制。斯金纳对政府、法律、宗教、心理治疗、经济、教育各学科应用领域逐一展开了讨论和研究。

政府与法律

斯金纳指出，政府是对人类行为控制最明显的机构类型。与传统的政治学研究的取向不同，行为科学主要研究的不是政府机构的历史、结构、特性以及政府行为的正确与否的伦理问题，而是政府实施控制的过程，以及被控制者的反作用过程。

斯金纳首先分析了政府机构实施控制的不同的权力来源。当实施惩罚的主体是个人，如是一个有勇或有谋的人，政府往往利用个人的力量或技能来实施控制。当然一个人的力量不足以控制，他会笼络一些心腹去实施控制，这种情况在黑社会组织中比较常见。而现代国家有组织的政府机构中，更多是由一个组织来实施控制，这个组织可能是警察、军队等。这些组织的权力主要来自于纯粹的物理力量，此外还有来自于经济、教育、宗教的一些权力。

其次，斯金纳又分析了政府机构控制的主要形式。他指出，政府中的某些组织执行着控制功能，最常采取的控制形式就是惩罚，惩罚那些错误的或被机构认定为是不合法的行为。因此，一个政府机构首先要通过区分合法的行为与非法的行为，一个群体中要区分开正确的行为和错误的行为，以此来确定惩罚的标准和依据。奖励和正强化并不常用于政府的控制技术中，惩罚却是相当普遍的。

政府的惩罚包括消除正强化物和呈现负强化物。消除正强化物，是指剥夺一个人所拥有的东西，包括财产、名誉、自由等。呈现负强化物，是指给一个人施加厌恶刺激，如鞭打等对身体的伤害，致其死亡，或使其服劳役，令其受到公众的嘲弄等，这些惩罚与某些行为构成相倚性，从而减少这些行为发生的频率。

与惩罚相对应的是，非法行为逐渐成为某种厌恶刺激，这种厌恶刺激令人们在内心建立起一种羞怯感或罪恶感，从而形成某种伦理力量，达到一种控制的目的。

除了惩罚之外，政府的控制还体现在建立服从行为中。服从常常是个人被控制的一种特征，如孩子对父母的服从，学生对教师的服从等。但服从行为同样是政府控制的一种重要表现，政府使个体遵守政府机构的控制规则，按照政府的指令去行为。这指令是一套言语系统，这个系统通常包含着两个方面，一方面是要对所要求的行为作出明确说明，另一方面是阐明这种行为与某种厌恶刺激相联系，只有按此指令行为才能逃避这种厌恶刺激（如罚款或拘禁）。这种言语指令显然可以发挥控制的作用，不只是令个体在当前遵纪守法，而且在未知的情况下，个体也可以按照指令去行事。

为了使政府的控制更为有效，作为控制机构的政府还会通过制定和实施法律，这也是法律或法规的重要功能之一。斯金纳指出，为了维持或加强政府控制的相倚联系，机构必须确立个体产生不合法行为的事实，并用法规来确定惩罚，然后必须实施惩罚。

斯金纳指出，法律同时关顾过去与未来，它既是对过去控制方法的一种描述，又是对未来此类方法的一种保证。法律一般都有两个特征：一是详细明确说明了需要实施控制的行为，这是对违法行为和犯罪行为作出的界定；另一个是法律中会包含有责任条款，即对违法行为和犯罪行为的惩罚措施，这些惩罚措施作为行为的后果制约着人们的行为。因此，在斯金纳看来，法律就是"对政府机构维持的强化相倚联系的陈述"。

法律对被控制者的影响主要体现在，法律如何使个体遵从法律，学会不行窃、不欺骗、不伤人、不杀人等等。在这个过程中，政府的作用大部分是间接对个体施加影响，个体常常是通过目睹他人的非法行为受到政府机构的惩罚而受到了影响，为了免受惩罚，他会尽力阻止自己及他人作出非法行为，这就是对政府控制的一种支持。另外，政府控制还得到个体的家人、朋友、宗教和教育机构、伦理团体的支持，这些主体会帮助个体建立一种实际的相倚联系。

总之，政府通过制定法律可以使控制更为有效，也更持久，政府的特定部门执行法律，使个体不"受制于人而受制于法律"，这种优势似乎可以使政府控制能做到"人人平等"，但实际上，法律的制定既不能掩盖政府控制的实质，也不能掩盖和弥补在政府控制中所出现的所有失误和偏差。

传统上，人们习惯接受和认同法律，认为其权威性不可置疑，不论一种行为被观察到的是什么，最终都要依据法律的规定来进行判断。而现代观念有所变化，政府与法律的合法性不是一成不变的，而与一定的文化和历史环境相关，例如可以有中国法律、美国法律，也可以有 17 世纪法律、20 世纪法律等。因此，对人类行为的观察摆脱了权威的束缚，不再认定某种规则的正确性。

在传统的犯罪教育学中，惩罚的合理性是通过这样的理念被解释的，即人生来就是要对自己的行为负责的，如果人违反了法律，就应该受到惩罚。当统治者的权力来自于神力或其他某种绝对力量，个人所犯的罪行就被认为是对国家的冒犯，惩罚个人的罪行就是维护国家的利益，而当统治者的权力来自于或部分来自于被统治者，那么，个人所犯的罪行就被认为是对被统治者的冒犯，惩罚个人的罪行就是维护被统治者的利益。那么，接下来，似乎问题主要是如何使过罚相当，即过错与惩罚相适应，而不再涉及惩罚这种形式本身的合理性问题了。

但现在，在越来越多人的观念里，惩罚是一种很弱的控制手段，不是一种好的控制手段。惩罚仅仅作为一种使行为发生频率降低的手段并不有效，而且会产生许多副作用，如逃避、反抗、消极抵抗这些行为，以及恐惧、焦虑、愤怒、压抑所代表的人体腺体和平滑肌的反射反应、消化系统失调等身心失调的反应。因此，政府的控制技术需要某种改良，实际上也在进行着改良，尽管政府由于一贯善于惩罚而使得这一进程相较其他领域更缓慢一些。在惩罚之外，现代政府也在利用经济、教育等其他控制手段。当政府积累了一定的财富，它就可以进行经济控制。这里的经济控制主要指产生正强化作用的经济手段，如发放补助金、津贴等，而不包括剥夺财产等经济惩罚手段。此外，政府还常利用宣传教育的手段来劝服人们遵从法律，作出合法行为，避免作出非法行为。斯金纳指出，实际上，大部分这种宣传的教育方法并不真正有效，因为宣传并没有强调相反的后果，常常是掩盖了行为的后果，并且容易让人产生反感，所以，教育的手段应该改良，应该在教育中利用应答性条件反射、动机和情绪中的各种变量来提高人们实施某种行为的倾向性，同时也应该说明行为可以带来的后果，这样的教育手段才是有效的。总之，斯金纳指出，强化好的、合法的行为比惩罚坏的、非法的行为具有更有效的控制效果，比如奖励遵守交通规则的人比惩罚违反交通规则的人更能引导人们守法，在遵守交通法规教育中强调违法驾车与伤亡后果间的相倚联系远比罚款和拘禁更为有效。

综上，政府机构正是这样对被控制者施加影响的，而被控制者反过来对控制者也施加了影响，这种影响在很大程度上维持了政府的控制功能。政府与被控制者间构成一个社会系统，这个系统是不稳定的，因为政府的权力会随着控制力量不断增长而增强，但最终被控制者的资源被掠夺至近乎枯竭时，被控制者的各种反抗也将变得激烈，此时，系统将面临崩溃。为了解决这个问题，来自被控制者的力量有助于将政府的控制维持在一个合理的水平，被控制者的利益可以通过法律的制定来实现。法律要对政府等控制机构的权力有所限制，政府的权力得到被控制者的认同，在法律规定的范围内实施控制，可以维持这个系统的平衡。至于政府的权力如何得到被控制者的认同的问题，在斯金纳看来，当一个政府更多强化了对其的支持行为，更少使用惩罚的控制手段，更多采取了某些措施保障人民免受饥寒、疾病等天灾人祸之苦，这样的政府会更多得到来自于被控制者的支持，而这种支持又反过来更有效地强化了政府的控制行为。

宗教

斯金纳指出，宗教控制的原形产生于"迷信"或"魔力"这样的术语。一般情况下，人们会认为迷信是出于个人某种目的的，并且可能带来混乱或低效率的行为。但是，在行为科学看来，迷信反应与非迷信反应之间并没有什么明显的差异，在应答性条件作用中，迷信反应与非迷信反应都是对刺激的一种条件反射而已，只是在迷信反应中，一种单纯的神经刺激所带来的反应就可能相当持久。在操作性条件作用中，行为的结果带有偶然性，但是其强化作用可以在相当长的时间内维持该行为，由于缺乏反应与强化间的联结机制，体现出"偶然性"的效果。宗教控制的原形就产生于这种稀少或偶然出现的相倚联系，言语行为尤其可以体现出这种"魔力"，通过言语行为可以将无关的事件转化成一种积极的强化或消极的惩罚。总之，宗教的控制与其他控制手段不同的是，它总是将控制的动因与某种超自然的力量联系起来，是超自然的力量安排了相倚联系，这些相倚联系可以给人们带来好运或厄运，在未来生活中被祝福或遭到惩罚。

在团体和政府的控制中，行为被分为好的与坏的，合法的与不合法的，而宗教这种控制手段，扩大了对行为的划分，行为还被分为道德的与不道德的、原罪的。关于天堂与地狱的描述，是宗教独特控制形式的集中体现。天堂即是所有强化物的集中地，地狱是所有惩罚的集中地。无论是强化还是惩罚，在天堂与地狱中所呈现出来的比伦理团体的善、恶和政府控制的合法与非法的效力要强大得多，可是这些强化物与惩罚方式在个人生存的一生中并不直接起作用，其强大作用因此大打折扣。但是，在信奉宗教的人心中，宗教依然是有力的控制方式。除了天堂与地狱的描述外，宗教还可以利用经济、教育等手段，以及伦理团体。

宗教团体是由那些声称拥有一种超自然力量存在的人组成。有教会的文献证明这个团体拥有超自然的权威，教堂井然有序也为这种超自然的力量提供了某种注脚。道德行为与允许进入天堂或免入地狱相倚联系，而原罪行为与进地狱或被排斥在地狱之外相倚联系，在宗教团体中，为有罪之人提供了忏悔或赎罪的仪式，这也有力强化了虔诚行为或道德行为。

宗教团体所特有的控制形式中，通过教义实施身体上的某种限制也很普遍。伊斯兰国家的妇女在穿着打扮上、与私人接触方式上都有许多禁忌，对电影、戏剧、书籍的审查，对酒精饮料的禁卖，对饮食、婚姻的诸多限制等，都有意通过减少诱惑而减少原罪行为。宗教控制比一般的团体控制要严格得多。此外，宗教团体还利用仪式、宗教艺术以及借助药物来催使人们产生对殉难者的某种情绪性反应而减少原罪行为。宗教团体鼓励自律行为、利他行为、爱与慈善行为，并力图使人们产生一种强有力的自我控制，"宗教的良心或超我的影响超出伦理"。宗教控制的理由也在此得到说明，宗教团体是出于灵魂的拯救和上帝的光荣，出于对忠诚、纯洁、勤劳等道德的充分尊重而实施控制，也因此得到伦理团体等的广泛支持。

与政府机构的控制一样，宗教团体的控制作用也有其局限性。一方面局限来自外部，一个宗教团体的控制方案可能与控制相同人群的其他的宗教团体发生冲突，也可能与政府团体的控制方案发生冲突，另外，宗教控制的某些手段也往往会受到经济团体、教育团体以及心理治疗团体的反对。另一方面局限来自内部，被控制者出于各种原因可能抛开宗教团体的控制，质疑相倚联系的可行性，并可能建立另一个团体与现有的团体进行竞争等。尽管如此，宗教仍是一种重要且有效的控制形式。

心理治疗

与政府或宗教控制手段不同的是，心理治疗不是一种有组织的力量，而是一种特殊的、专业的力量。心理治疗在许多人的生活中已经成为一种重要的控制力量和手段。

斯金纳指出，控制不总是恰当的，不恰当的控制包括控制手段不当。前面已经提到惩罚这种控制方式的诸多副作用，控制过多或控制不一致、使个体感到无能为力的控制等，来自被控制者的反控制行为可能会激发控制者加强其控制，但从长远看，这种方式并不能解决问题，反而是增加了问题解决的难度。不恰当的控制等会导致各种对人和团体的危害后果，而心理治疗可以消除或减轻这些危害后果。

不恰当的控制会对个体产生的影响包括情绪的和行为的两大方面。

首先，在情绪方面，不恰当的控制会导致个体产生恐惧、焦虑、愤怒或压抑等，这些情绪都是由于惩罚中令人厌恶的刺激引起的一种腺体和平滑肌的反应。恐惧往往伴随着更多地从事逃避令人厌恶的刺激的行为，以及较少地从事其他行为，对有正强化作用的食物、性或其他兴趣爱好没有什么兴趣，什么事都不愿做。比如如果个体因为性行为被惩罚了，他就会过分害怕性行为及与性有关的一切事物，如果个体因为不卫生被惩罚了，他就会过分地害怕肮脏和污秽的东西，如不停地洗手，可以每天洗十几遍手，形成洗手强迫，这就是一些强迫症的重要成因。除恐惧之外，个体还会伴随恐惧产生焦虑，这种焦虑是对未来事件的恐惧。个体的愤怒会引发的行为反应有所不同，往往是针对控制者或其他无关人及事物的攻击行为，发脾气、摔东西、迁怒于人等。压抑是一种消极抵抗的情绪模式，可表现为阴沉着脸、沮丧、喜怒无常、烦躁等。斯金纳指出，很重要的一点是，这些情绪模式都可能由与控制无关的一些不愉快事件引起，但在绝大多数情况下，政府、宗教、团体对个体的不恰当的控制是引发这些情绪的主要原因。这些情绪反应会给个体带来较多的损害，腺体和平滑肌过度频繁的反应会损害个体的健康，长期恐惧、焦虑、愤怒等不良情绪还会引发如胃肠等消化系统的失调、神经系统的紊乱等，导致身心疾病的发生。

其次，在行为方面，不恰当的控制会导致个体产生逃避行为、精力过分充沛的行为、过分抑制的行为、有缺陷的刺激控制、有缺陷的自我意识、厌恶性自我刺激等。个体的逃避行为会表现为对某种行为的逃避而对另一种行为的成瘾，比如酒精成瘾、药物成瘾。精力过分充沛的行为是指个体的反应频率非常高的行为，它往往不能用当时环境中的变量来解释，有时却可以用个体早期生活经验中的一些变量来解释。当个体不能有效逃避令人厌恶的刺激时，可能会导致漫无目的的行为，个体无法休息，不得安宁，总是要做些事情，这是许多单纯的神经质的重要的成因之一。过分抑制的行为，与精力充沛的行为相反，个体几乎不能做什么事情，这种情况可能由于受到一次严重的伤害或目睹他人受到重伤甚至死亡，就对某种或某类刺激很恐惧，也可能由于受到反复或过分的惩罚。一个人可能因此郁郁寡欢或患上癔症、失语症、躯体某些部位不能活动以致瘫痪等疾病。个体也可能因为不恰当的刺激而拒绝面对事实，患上"否定的幻觉症"，或者形成有缺陷的自我意识，过分夸大自己的成就，自我吹嘘，或者自我意识的完全丧失，这都是对惩罚造成的影响的一种逃避。个体在不恰当的控制下，还会产生一种持久的罪恶感，这种反应往往让人难以承受，于是个体有时会通过有意识地伤害自己或让他人伤害自己，甚至成为受虐狂，以此来减少耻感或罪感。

心理治疗这样一种控制手段是如何对被控制者施加影响的呢？

首先，心理治疗者要对病人有一个诊断，他需要了解的信息包括病人历史的信息，需要治疗的行为的信息，病人当前的生活环境的信息等，这些是关于事实的收集，是心理治疗的第一步。第二步就是要证明功能关系，当自变量是被控制时，治疗就是对因变量的控制。

其次，在诊断之后，行为治疗者所要做的不是直接就去实施治疗的方法，而是要使自己成为非惩罚的听众，这一点非常重要。行为治疗者不去反对和批评病人的任何言行。有时，病人会以言语等方式伤害治疗者，尤其当他压抑了的被惩罚的行为被释放出来时，他会公开自己的行动，如大发脾气、大哭一

113

场、歇斯底里地呆傻等，他也会有对治疗者的侵犯的倾向，在这些情况下，如果治疗者也能避免采用惩罚的方式来回应，这时，治疗者就慢慢成功树立了一个非惩罚听众的形象，这样，就会加速减少惩罚的影响的过程。相反，如果治疗者对病人变得批判、施加威胁或惩罚，那么，病人就会出现"抵抗"，减少惩罚影响的过程就会突然停止。

第三，在治疗策略与方法方面，斯金纳的行为治疗理论与传统的心理治疗理论有着根本的差异。斯金纳回顾和反思了弗洛伊德的心理分析为主的传统心理治疗，批判了这种心理治疗存在的错误以及问题所在。斯金纳显然对弗洛伊德的理论不屑一顾，将其看作是一种精致的杜撰。弗洛伊德将人格分为自我、本我、超我，将精神世界分为意识、前意识、无意识，认为神经症等精神疾病是因为人心灵深处即无意识中被压抑的愿望，心理治疗是将压抑的愿望找出来，以安全的方式来安置它。斯金纳在阐释弗洛伊德的理论时举了一个例子，兄弟两人为了父母的爱以及其他强化物而进行争夺，其中一个兄弟在争夺时侵犯了另一个兄弟，并因此受到了另一个兄弟或父母的惩罚，被惩罚的这个兄弟就会用各种心理防御机制来协调焦虑，他可以从事一种侵犯行为被允许的职业如警察，他可以为实际上伤害了另一个兄弟的行为寻找合适的理由，比如声称是为那个兄弟好才做的，他可以做关于杀害他兄弟的梦，他可以在文学创作过程中描写兄弟间的残杀，他可以让自己认同于伤害或杀死兄弟的那些人，他可以在口误中表达出他潜意识中对另一个兄弟的敌意，他可以通过自虐等自我惩罚方式去逃避关于惩罚的焦虑。在弗洛伊德看来，所有这些行为都是与这个兄弟早年受到惩罚的经历以及被压抑了的愿望有关。而事实上，这些行为是与复杂的变量相关的。而行为在弗洛伊德的理论体系中仅是一种症状，或者说是一种心理冲突的副产品，而不是调查的一种目标，总之，要关注的是心理健康或个人的调整。斯金纳认为，弗洛伊德整个理论都是主观的一种臆断，没有科学的研究方法作支撑，而且这种心灵主义的解释也在宗教和其他领域广泛蔓延，如宗教对灵魂救赎的重视，政府对正义、自由的强调等。

斯金纳的行为治疗与传统的心理治疗的视角截然不同。行为治疗理论认为，不是什么人的内部精神世界出了问题导致了个体的心理问题与心理疾病，而是由于个体外部环境中不恰当的控制方式导致的。如前所述，惩罚本身就是一种不恰当的控制方式，过度和反复的惩罚更会对个体产生危害，心理治疗的手段之一就在于纠正或改良这种不恰当的控制方式，而这些不恰当的控制方式很多来自于宗教、政府，因此，这种心理治疗在某种意义上与宗教、政府的取向有些冲突，宗教团体会指责心理治疗客观上鼓励了个体的不道德倾向，政府也会出于相似的理由而抵制心理治疗。尽管这种冲突是存在的，但宗教与政府在权力无限扩大时也确实需要反控制的，心理治疗是这种反控制的手段之一。心理治疗的目的就是要减少或消除惩罚等不恰当的控制手段所带来的副作用，"治疗者的任务是给病人增补一段生活史，使病人的行为不再具有不利的和危险的特征"，"治疗并不是去释放某种产生麻烦的冲动，而是引入补偿或纠正已经产生了讨厌的行为的历史的变量"。

可见，心理治疗的治疗途径在于引入一段生活史或纠正历史的变量，进一步强化在患者技能中合适的行为，建构在新的生活中有效的其他技能，如安排新的相倚联系，使其建立一种新的技能而不再出现原有的不适应的行为。比如，一个孩子由于生父母的气而装病或故意打扰父母，这些行为得到强化，治疗正是要安排新的相倚联系，让孩子发展出一种新的技能和行为，使其以适应性的行为作为反应，并得到强化，这时，原有的不适应性的行为就可以消除。治疗的结果就是，病人对行为所自动产生的刺激变得越来越少反感，越来越少耻感、罪感等情感反应，也不再去表现原先的自我刺激中逃脱出来的不适应性行为等操作行为。

　　心理治疗的具体控制过程又是怎样的呢？斯金纳是这样分析的，在治疗的开始，促进病人转向对治疗者的求助的因素主要有这些，摆脱痛苦对病人来说是一种积极的强化，而治疗者的威信和保证，其他病人病情改善的报告，在与治疗者接触早期病人自身发生的改善的迹象，还有治疗者自身的一些特点，如他作为道德团体的一个成员，他与病人的某些家庭成员的相似性等，这些都促使病人与治疗者建立一种治疗关系，使病人愿意接受治疗者的治疗即控制和影响。在治疗过程中，最初治疗者的权力并不大，他首先要做的工作是使他的病人能够给他足够的时间来接受他的治疗，当病人愿意进一步接受治疗者的治疗时，治疗者的权力慢慢增大，这主要是由于治疗者成了病人的强化来源，这种强化主要是通过以下方式形成的，比如治疗者对病人的认可和赞扬，治疗者为病人指出一些行为与一些结果间的相倚联系，证明有些厌恶事件是由病人自己的行为引起的，建议可能会被肯定地强化的行为方式，以及影响剥夺或满足的水平的程序表或程序。治疗者对病人的强化主要来自于言语控制，此外，这种强化还会引发一些其他的控制力量。

　　斯金纳还分析了心理治疗者从事这一职业的主要原因，当然也是因为强化，一方面，可能是经济原因，治疗者为病人治疗提供了某种正强化并因此获得了金钱的强化，另一方面，治疗者在操纵人类行为方面取得了成功，获得了强化，这种操纵体现在治疗者发现或完善了心理治疗理论以及治疗实践。

最后，斯金纳看到，心理治疗这种控制手段在一定意义上比宗教、政府等力量更为强大。为了防止权力的滥用，如同政府、宗教一样，在心理治疗领域的反控制也非常必要，心理治疗职业道德标准以及执行这一标准的组织在反控制中起了十分重要的作用。

经济控制

那些拥有金钱、商品、债权等财富的人们通常是行使经济控制权力的主体，这个主体可能是个体，也可能是具有一定规模的组织或团体，如企业，这种经济力量常常被称为"资本"。

在企业中，经济控制的方法遵循强化时间表，斯金纳认为，在这一点上，工厂的工人或雇员与实验室里的鸽子、老鼠具有某种相似性，工人或雇员的操作行为与实验室里的动物操作没有太大区别，作为控制方法的强化时间表也类似，主要有以下几种。

第一，固定比率的时间表。这就是计件工资，根据工人完成的工作单位的数量来支付工资。若工人原先是采用其他的方法被支付的，后来改为了固定比率的时间表，这时，他的工作业绩增长得非常快，当应用一个可见的计数器时，业绩的增长会更明显。可见，固定比率时间表是一种有效的强化方法，但是这种方法也有其弊端，它可以促进一种高工作业绩的同时，会使工作时间过长，这会导致工人身体和精力的枯竭，此外，每一次高比率强化之后都会跟随一段"意志缺失"的时期，这时，工人懒散，工作效率降低。

第二，固定间隔的时间表。这是按天、周、月或年来支付工资，时间间隔是固定的，单独使用这种方法会引起一种结果，那就是只有当行为将要被强化时工人才会做少量的工作，此前一直在等待。因此，这种方法必须结合其他辅助的控制方法才更有效，常用的是厌恶刺激的使用，让工头、部门负责人、企业的管理人员等来实施控制，当工人低于预期的工作速度，就会被这些人谴责为懒惰或者施加解雇的威胁，为了减少这些厌恶刺激，工人提高工作效率的行为得到强化。

第三，联合时间表。这是将固定比率和固定间时结合起来的一种方法，这样可以弥补两种方法的不足，不但可以使工人克服高比率强化后的"意志缺失"，使高效率工作的行为得到强化，同时可避免过长工作时间所导致的危险。

第四，可变化的时间表。斯金纳指出，鸽子的实验证实，固定比率和固定间时虽然也有很好的控制效果，但终究不如变化间隔和变化比率的强化时间表更有效。排除以时间或工作单位来计算，而是用一种变化的方式来强化，奖金是这种类型的强化物，通常认为它具有一种感情色彩，使工人或雇员因此而喜欢这项工作或喜欢他的雇主，但其实奖金也可以作为一种强化物来使用。最有效的控制方法莫过于不定期按变化时间间隔来发放小额奖金，这比年底一次性发放奖金更有强化的效果。

第五，工作质量的差别强化。当想塑造工人或雇员的高质量的工作行为时，可以安排相应的相倚联系，比如当高质量的工作行为出现时，给予附加的工资，或者提升的机会，这就可以精确地控制一个人的行为了。

第六，经济之外的因素。除了列举上述金钱等强化物的作用外，斯金纳也谈到，工人并不只是为了钱而工作，也许人们会说，工人还要有对所从事的工作的热爱，或者要求一个自由、安全的工作环境。斯金纳自然不满意于这种"心灵主义"的表达方式，他也赞同这些非经济因素的作用，但他有行为主义者的诠释方法。他说，与其说这个工人热爱工作，不如说他被工作所强化了，除了有工资、奖金可拿，有提升的机会，此外，工作条件、工作伙伴也都是他的强化物。

除了分析经济领域的控制技术外，斯金纳从行为科学的角度对经济学的一些概念和术语进行了诠释。

首先阐释的是经济学中价值的概念。所谓劳动的经济价值，是由正、负强化物的比较结果所决定的，即得失的计算。劳动的经济价值在于两方面，一方面是雇主支付报酬时他所失去的金钱的数量，另一方面是雇员为了得到金钱向雇主所提供的劳动的数量。斯金纳指出，有一些控制方式是道德团体、宗教和政府所反对的，比如贿赂和敲诈。在行为科学看来，所谓贿赂和敲诈其实质都是一种金钱，贿赂是指那些为可能引起惩罚的行为所支付的金钱，敲诈是指为抑制某种高度厌恶的行为而支付的金钱。商品的买卖和交易同样是一种与强化作用相关的行为过程，如果对买方来说，所买的物品比所放弃的金钱有更高的强化作用，交易的发生就会很快速，而当正和负的强化结果大体对等时，买卖双方就要花相当长的时间才能达成交易。商品的经济价值与劳动的经济价值类似，商品的价值对于买方而言就是为了得到它而放弃的金钱的数量，对于卖方而言就是失去它所必须得到的金钱的数量。

其次，斯金纳考察了买卖交易过程中的影响因素。一个因素是，当缩短行为之后所发生结果的时间时，可以促进交易的发生，比如立即交货的承诺、比竞争对手更短的交货时间承诺、允许赊账购买等。另一个因素是金钱与商品进行交换时的强化时间表，卖方如果不守信用不能按时保质保量地提供商品，那么交易的概率会降低，相反，如果卖方总能提供物美价廉的商品，交易的概率就会上升。同理，买方能否按时给付足额的金钱去交换卖方的商品，也是这样的因素。

第三，斯金纳以行为科学的概念与原理分析了经济学中的"赌博"。赌博行为产生于一种复杂的控制，赌徒所下赌注的多少与其所经历的强化史密切相关。为了使人们能够参与并经常赌博，赌博集团周密设计了强化时间表，其通常选择一种变化比率的时间表，这个时间表从长远看利润是固定的。斯金纳指出，专业的赌博集团经过建立一种对赌徒有利的强化过程，"率领他的受骗者继续前进"。从长远看，赌徒是受骗者，即使他也经常会赢，这往往是在赌徒最初参加赌博的阶段，使用一种较低的平均比率，十分慷慨地使赌徒获益，甚至让赌徒"差一点中头奖"，从而受到不断强化，但是慢慢地，平均比率会增加，强化发生得很少，但赌徒仍然会继续去赌，结果是赢到手的钱又会加倍地失去。斯金纳指出，这就如同实验室里的鸽子或老鼠，它们与赌徒的行为表现是相似的，在变化比率时间表控制下时，最初非常容易获得的强化会随着时间的推移慢慢减少，但是鸽子与老鼠依然会为了获取食物而耗费过多的能量，可是动物的操作行为依然继续，赌徒也依然会去赌。

斯金纳认为，传统的经济学有些孤立，并没有将经济之外的许多变量考虑进去，里面许多重要的概念都与个体的行为无关，如商品、金钱、价格、工资等。在斯金纳看来，更有甚者，19世纪经济理论提出"经济人"或"理性人"的假设，这其实属于一种主观杜撰。他认为，经济学的理论需要改良，如果能够将经济之外的其他变量如行为考虑进去，它将会成为人类行为科学理论的一部分。

最后，斯金纳分析了对经济控制的限制，即反控制问题，财富拥有者用财富施加的控制有可能被一些团体、宗教、政府等批评为是滥用或错的，于是这些机构采取了许多反控制手段，比如在法律中对童工、诈骗、贿赂、赌博等不合法的经济控制加以限制，政府还会实行关税、交易税等各种税收限制财富的控制。

教育

在一个社会中，教育是另一种重要的控制手段。这里的教育是指家庭之外的教育，与宗教、政府、经济等控制手段不同的是，教育对人产生的影响往往是指向未来的，教育控制的目的在于使个体产生或保持将来对个体或他人有利的行为。如果教育最终并没有产生这种影响，那么将会成为徒劳，因为被控制者在受教育中所产生的行为没有任何特殊的作用，这是与其他控制方式所不同的。

斯金纳分析了整个教育过程，教育机构通过教育使学生获得某些知识，这些知识就是技能，是使学生能够成功地对世界作出反应的技能，这并不是死记硬背的学习，而是学会思考和观察，并且能够自我控制与自我指导，从而为未来生活中解决各种问题做好准备。斯金纳还阐释了教育中的强化过程，在教育机构中所使用的强化物常见的有分数、升级、奖章、学位、文凭、奖学金、表扬等，当然还有很重要的一点，那就是"知识因其自身的缘故被强化了"。例如受教育的个体在未来得到一份满意的工作，如受聘于某些控制机构或团体，薪水高，有许多福利待遇等，凡是通过受教育在未来所获得的收益，这些都是长远意义上的强化物。

教育机构中还常使用惩罚这种控制手段，这种手段可谓古而有之、历史久远，对一些违反校规的学生施加厌恶刺激，从戒尺、棍棒到一些劳役，此外，还有取消赞扬、忽视、冷落、罚站、警告、记过、开除学籍等。如前所述，这些惩罚控制往往会导致许多副产品，在教育体系中，副产品可以是许多逃避控制、反侵犯的行为，如肆意滋事、恶作剧、逃学。教育机构开始放弃源于家庭教育的惩戒方式，但是，随着越来越多的人接受教育，社会保障的日益增强，教育这种控制手段也逐渐失去其特殊的优势，即尊敬的强化作用趋于减弱。未来生活中的经济获益的强化效果也不再明显，这些使得教育机构的从业者转向其他的控制手段，如运用各种技巧使自己的教授过程变得更加吸引学生，借助各种感觉器官，运用各种图画、图表，声情并茂等。此外，教育机构还致力于改善教育机构的环境，提供高质量的图书馆、实验室等硬件设备，各种教学方法的综合运用，通过这些手段加强控制。斯金纳指出，这些努力就是传统教育向"进步教育"的转化，即不断寻求在教育控制中的正确的强化，而在这个过程中，很重要的一点就是，要将学生受教育的结果尽快引入教育情境中，使受教育者尽早地看到这种强化结果。比如，某个学生因某门外语成绩好而被强化的同时，也会最后在浏览外语文献时或在该外语社区内进行有效交际而被强化。"进步教育"就是促成这种"自然的"或"功能的"强化尽早地在教育过程中被呈现，使学生了解到受教育所获得的益处。理想的状态下，这种益处来自于教育机构的条件强化物与后来的自然相倚联系的结合。

教育控制同样需要一些反控制手段，这些反控制的主体可以是给学校提供资助的机构或个人、宗教团体、政府机构、经济团体等。这些主体要求教育机构的行为符合它们的要求，与它们的利益不相悖，这是对教育机构控制的一种制约和监督。

二、文化设计

斯金纳详细探究了存在于人类社会各个领域的行为控制手段之后，看到了有些控制手段是不恰当的、不正确的，或者是需要完善和改良的，它们会产生许多副作用，这也是人类社会各种问题产生的根源所在。因此，斯金纳在此基础上提出文化设计的概念，为了解决人类社会各种问题，对文化重新设计，将正确的行为控制策略应用于各领域是唯一正确的科学之路。

斯金纳首先反思了传统的文化设计的内涵。在斯金纳看来，传统人类学家将文化定义为观念或附属于传统观念的价值，这是一种偏差，文化是那些生活在这一环境中人的行为得以形成和维持的种种条件；文化与其说是一种价值和观念，不如说是风俗，具体来讲，就是习俗行为，而这种习俗行为是一个国家、社会在相倚联系基础上产生出来的。所谓的观念是指社会性相倚联系，而价值是指各种相倚联系中的强化物。

文化的演进

斯金纳考察了文化的演进过程，指出文化并不是永远存在的，而是可生可灭的，其演化进程与生物学中物种的进化过程十分相似，"一种文化对应于一个物种"，文化演化与生物进化之间是具有平行关系的。

首先，"适者生存"这一物种进化法则在文化演化过程中同样适用。一种文化所拥有的成员越多，这种文化存活下去的可能性就越大。与物种一样，文化被选择的过程，就是这种文化对环境适应能力的检验过程。文化所具有的功能包括帮助其成员得到他们所需要的事物，避开危险的事物，帮助其成员生存下去，向下一代传递文化等。

其次，如同并非每个物种的每个特性都具适应性，并非一种文化中的每一习俗行为也都是具有适应性的。适应性的特性或习俗行为维持了非适应性的特性或习俗行为。

最后，习俗行为的变化与生物的遗传变化相似。一种新习俗可能使文化衰弱，也可能增强文化的生命力，这是由选择性相倚联系来决定的。一种习俗行为不一定与生存价值有关联，而且，许多习俗行为都是由偶然事件引起的。比如，尼罗河每年都有洪水泛滥，修建堤坝的强烈和迫切需要使埃及人发展了三角学，但这个发现的价值绝不仅于此。

斯金纳认为，文化的演进与物种的演进在传递过程层次上出现了差异，两者之间的并行关系就不存在了。物种的传递有染色体和基因机制的作用，而文化的传递是获得性行为。斯金纳在阐述这个问题时举了一个有名的例子，长颈鹿不是因为用其他方式得不到食物才使脖子长的特征得以保存和繁衍，而是由于那些长脖子的长颈鹿因得到更多的食物而更多地存活了下来，这种基因因此得以一代代传递。而文化却不是如此，是因为此种习俗行为可以使人们得到更多的食物，而其他的习俗行为得不到这么多食物，所以这种习俗行为得以传递给下一代。而且，物种的传递不涉及物种间相互融合，而人类的文化传递过程，实际存在文化间的彼此相融，一种文化会传播给另一种文化，各种文化体系即习俗体系可以彼此相互影响、相互融合。

显然，斯金纳是赞成文化间相互融合的，但他对文化间的竞争持反对意见。他还特别指出不要错误地运用进化论来解释文化的演进过程，"社会达尔文主义"所主张的用进化论原则为不同文化间的竞争提供合理性依据是有失偏颇的，用"适者生存""弱肉强食"这些自然界物种间的生存法则来比照人类也是有害的，这为纳粹消灭犹太民族的暴力行为提供了借口，文化竞争中的强者也不会达到其目的，强者似乎可以生存下来，但事实上，所有的人、政府机构、宗教等都不会长久地存在下去，只有习俗行为可以一代代传递并存在下去。斯金纳还指出，无论是物种的繁衍还是文化的发展，与同类的竞争都不是重要的选择，而比这更重要的是它们同自然环境的"抗争"。大多数文化习俗行为都是人的基本需要即与食物、安全有关，这是由生存性相倚联系来决定的，成功的竞争只起到次要的作用。

斯金纳指出，虽然物种进化与文化演进有相似之处，也有相异之处，文化演进这个概念依然有用，践行新习俗行为者如果可以因此更好地生存下去，那么会大大增加新习俗行为的传播可能。对文化演进的考察比对物种进化的考察更容易，这是由于对文化演进起作用的那些环境中的相倚联系可以用客观观察的方法，不凭主观想象，而且可以直接加以操纵和控制。而那些把文化看作是"群体头脑"和"普遍意志"的"心灵主义"，显然是不能真正理解文化的真谛的，文化其实质是习俗行为，文化的演进过程就是习俗行为演进的过程，而新的习俗行为有利于人类的生存，正是这些新的习俗行为推动文化向前发展。

斯金纳探析了文化的内涵，并梳理了文化演化的过程。沿着文化并不会永存这个思路，斯金纳指出，人类和社会的发展，除了遵循个人价值、他人价值之外，还应加上第三种价值，即关于文化生存的价值。在文化设计中，即以相倚联系为基础的行为技术在实施时，要考虑这三种价值。如果设计者是一个个人主义者，他所在文化就会以他个人价值作为整个文化的终极价值；如果他过分关注他人价值或社会的价值，有时就会牺牲个人价值；如果他只关心文化生存的价值问题，就可能仅注意到文化的繁荣兴旺，而忽视了个人价值和社会价值。因此，文化设计者要综合考虑这三种价值，兼顾这三方面达到一种平衡，这是最理想的状态。

关于个人价值和社会价值，人们不难理解，但为什么要遵循文化生存的价值呢？为什么为了文化生存而采取积极行为是一种"善"呢？斯金纳详细探讨了这个问题，他认为，人们对文化生存问题的想法与感受，是由这种文化在促使其成员为了文化的生存所作努力方面使用了何种手段、采用了何种强化物来决定的。这些手段和强化物可以提供给成员支持文化生存的理由，而主观的想法与感受不过是副产品而已。

文化如何使其成员为其生存而作出努力呢？斯金纳认为，有些习俗行为能促使个体为文化的生存而努力，这些行为的出现可看作是文化演进过程中的重要发展。但是这些行为往往无法被近期的个人利益所强化，在被用来为他人利益服务时也是如此，譬如很多强化物都存在于一个人死后才发生的事件中。宗教中这种例子比较多，比如基督教的来世概念，天国就是充满了强化物的美好世界，地狱就是充满了惩罚的黑暗世界，无论进天堂还是避免下地狱，行为的这些后果对个体来说都是很遥远的，并不能使个体受益，那如何作出解释呢？斯金纳并没有找到一种解释，他认为事实上我们没有必要一定要找到一种解释，如同我们无须找到遗传变异对物种进化作用的起源，人类文化的演化中也无须找到习俗行为对文化生存所起作用的起源。简单的事实是，"如果一种文化能以无论何种理由诱使其成员为它的生存努力，那么它便具有更大的生存可能性"。这是文化在发展过程中带来的另外一种利益或价值，与个人利益无关。斯金纳提出了强大的和强盛的文化所具有的一些特征，对外，这种文化能抵御外来文化的攻击和威胁，促使其成员能有更多的时间和精力去从事其他工作；对内，这种文化可以维持社会秩序，提供给其成员安全和健康的生存环境，提供医疗卫生服务，保持与资源相适应的人口密度等，这种文化必须保持适当的稳定，但也须有必要的改变，这种文化既可以避免对传统的过分尊重和对新鲜事物的过分惧怕，鼓励成员反思传统的习俗行为，并敢于进行新的试验，又能避免超速发展，这样的文化是强大的，有生命力的。

斯金纳指出，文化演进过程需要一种设计，清晰的设计可以加速文化演进的进程，以促进这种利益。因此，文化设计是文化演进过程中重要的"变异"，它对文化的演进与发展将起到重要的作用，而科学行为与技术行为有助于人们进行更好的文化设计。

文化的设计

斯金纳研究行为主义心理学的最终目的，不只在于建立一种新的理论，提出一门新的方法论和哲学，而是要运用其行为理论解决人类所面临的各种社会问题。文化设计被斯金纳认为是利用其行为科学理论去解决这些问题的唯一正确途径。他将文化设计过程比作生物学的实验，文化犹如用来研究行为的实验室，它是一个强化性相倚联系体系。他指出文化就类似于在行为分析中的实验空间，人类这样的有机体就好像被放在实验室里的被试者，设计文化犹如设计一种实验，即安排一系列相倚联系，并分析研究其功效。在实验中，实验者关心的是实验的结果，而在设计文化时，我们关心的是这种设计的结果如何，是否起到预先设定的作用。

斯金纳首先回顾了两千五百年以来人类各种各样的文化设计，比如柏拉图通过《理想国》找到了政治方案，奥古斯丁在《上帝之城》中寻找宗教方案，托马斯·莫尔、培根诉诸法律，卢梭寄希望于人们的美德，19 世纪的作家寻找经济方案，但这些设计绝大多数都是乌托邦的设计，都遭到了惨败，都是无法实现的空想。它们有一些近似的特点，那就是这些社会其成员都相对较少，而且都在地理上与其他文化孤立隔离，而且都有这样的局限，即小范围的、与世隔绝的内部和谐似乎可以自圆其说，但这种设计其实很难运用于实际。此外，还有一个重要原因，那就是这些乌托邦设计大部分都关注心理感受、自主人这些"心灵主义"的东西，寄希望于忠诚、爱国主义、美德，这就注定了它们的失败结局。这些文化设计的重要性在于它们提供了某种失败的教训，而尝试并失败并不总是错误，停止尝试才是真正的错误。这样，我们就需要一种新的文化设计。一种以环境中的各种相倚联系设计为基础的文化设计，当然，已有的文化设计中也有关于相倚联系的设计，尽管其不使用"相倚联系"这样的概念，但是那些相倚存在一些副作用，比如惩罚性的控制手段所带来的副作用，如政府惩罚性法令的副作用往往是灾难性的，会造成国内混乱以及国际争端，把国家引入战争状态。这些问题产生的原因不在于人们的好战精神，而是导致战争的国内外环境，其中惩罚性法令就是一种糟糕的控制手段。控制是必要的，而关键在于改变控制方法，以改变造成问题的环境，这才能从根本上解决问题。

他认为，文化设计不是要设计一个最佳的方案，而是要设计一个更好的方案。如何更好地教育，使受教育者更具有创造性，如何使更多的人遵守法律和秩序，如何更好地抚养孩子，等等，都可以通过文化设计找到更好的方案。以前，人们大多通过个体经验或民间智慧来找到改良的方法，但现在，我们可以借助于对人的行为的科学分析来达到这个目的，因为行为科学直接关注两个问题：确定该做什么，以及如何去做。而这两个问题长期以来被人们忽视，当前，无论是我们生存的文化，还是整个世界，都存在着这样那样的社会问题，许多重大问题都是全球性的，比如环境污染、核战争的威胁、人口的剧增、能源的过度采掘、人们的精神萎靡、精神危机等，但是当人们在讨论这些问题时，最常做的是归因，把这些问题归因于"焦虑""道德滑坡""疏离感"等主观的心理因素，感受和心理状态支配着这些讨论，而对行为视而不见，结果是这些讨论通常存在两个弊端：一个是没有明确分析究竟哪些行为带来这些问题，另一个是并没有讨论如何改变那些行为。

行为科学可以被用来做文化设计，这种文化设计首先要确定人们该做哪些行为，斯金纳表明其行为科学是价值中立的，既可以被好人利用，也可被坏人利用，这取决于其方法论的性质。但如果要确定人们该做什么，就不可避免地要进行价值判断，更何况，斯金纳也提出了在对文化做整体设计时要遵循的三个价值：个人价值、他人价值和文化生存的价值。这些实际上提供了确定人们行为以及文化设计的标尺。

　　斯金纳接下来列举了世人对将行为理论应用到文化设计这一构想的非议，并逐一予以反驳。

　　有些批评者认为将行为科学应用到文化设计上也是一种乌托邦幻想，无法实现，现实社会怎能比作行为分析实验室？两者存在根本的差异，不可同日而语，因为现实社会是复杂的，而实验室的研究设计往往是过于简化了的。斯金纳反驳到，首先，两者确实存在着许多差异，比如现实社会是自然发生的，实验室是设计出来的；现实社会复杂，实验室简单；现实社会中的行为混乱，实验室观察到的行为有序；等等。但是这些区别都不足以推翻将行为分析实验结果应用到现实社会中去的宏愿。以鸽子实验为例，鸽子用嘴翻开树叶以啄取树叶下面的食物，这是自然环境下的相倚联系，在实验中鸽子用嘴啄发亮的圆盘以得到圆盘下面的装置自动给出的食物，就这种啄食行为受到自然或人为的安排而行为强化这一点来说，自然的强化安排表与实验室的"变动比率强化表"类似，没有本质的区别，所以没有理由怀疑，在这两种情况下都受到强化表的影响，行为都因相似的相倚联系安排而得到强化。当我们对实验室中的强化相倚联系在设计和研究上都越来越复杂时，我们就会对自然环境中的强化相倚联系有更深入的理解和认识。其次，至于实验室对现实社会的简化问题，我们可以这样来看。在最初的行为分析实验中，简化是必要的。随着对这一规律的深入了解，实验设计会越来越复杂，使相倚联系能越来越逼真地仿造现实世界，尽管这样做是很难的，因为行为科学家可没有交上像物理学家、生物学家、化学家那样的好运，他们的研究对象往往是简单的，他们可以抛开复杂的社会现象于不顾。行为科学家所要研究的是人的行为，这种行为发生在纷繁复杂的社会环境中，甚至行为科学家自身的行为也被包含在内。所以，研究对象的复杂性对行为技术提出了挑战，但是，复杂的实验设计会越来越贴切地比照现实生活，而这些努力已经超越了传统人文研究中的文化设计，因为传统的文化设计将一切归于心灵、感受、心理这些看不见摸不着的因素，任何人都可以主观臆想、随意杜撰，这与行为分析的科学性实在无法比拟。他认为，行为科学的研究还不尽如人意，但是随着这门科学的不断发展，可以更好地解决简单化的问题，因为解决简单化的问题的途径不是放弃这门科学，而是使这门科学发展出学会如何处理复杂情况的知识和理论。

有些人批评说，利用行为分析进行文化设计将导致一场灾难，原因是这些文化设计与偶然对立，使偶然性事件不再发生，并且会使人的行为单一、标准化，从而失去多样性。斯金纳反驳道，文化的设计者不是干涉者或干预者，他不会阻挠自然进程，他也不会阻挠偶然事件的发生，他自身就是自然进程的一个部分。基于行为分析的文化设计，为了避免单一和标准化，可以致力于使设计多样化，而不是退化到对偶然性的依赖上。也许人们认为偶然是抵抗单一和标准化的良药，而实际上，未经计划的文化也会出错，偶然也会导致灾难，偶然同样也可能造成单一和标准化。例如，一个具有嫉妒心或偏执人格特质的独裁统治者将会给他的国家和人民带来灾难，而且，政治、经济等制度对管理者提出的对控制的简单化要求，使许多偶然性文化同样具有单一和标准化的管理与控制，并导致人们行为在某种程度上的高度一致性。斯金纳进一步提出，计划也不会阻碍有用的偶然事件，甚至可以说，是科学推动了偶然的发展，像自然界中偶然出现的纤维如棉花、羊毛、蚕丝，被人们使用了数千年，但是合成纤维的出现并没有阻碍新棉花、新羊毛、新蚕丝的出现。

有些反对意见说，"我不喜欢这玩意儿"，"这种文化肯定令我反感，而且它不可能以我所习惯的方式来强化我"。斯金纳对此进行了反驳，他指出改革这个词不令人愉快，在一定意义上说，它是对某些强化物的改变，有时文化设计的目的是要让未来世界的人们感到满意，而不是让当今世界的人们感到满意；另一方面，新文化的设计者不可能与旧文化割裂开来，他所设计的文化也必然是他所喜爱的文化，这种局限是存在的，但仍然可以尽可能地减少现存文化中偶然因素的影响，直接追溯到那些美好事物的最本真的起源，这样可以令文化设计更有可持续性。

斯金纳还指出，有许多批评者的意见来自于对控制的误解，他们固执地不能接受他可以和应该被控制这个事实，由此认为文化设计是不可能成功的。他说，人们对于控制的敌意来自于传统的自由文献关于控制的歪曲，这些文献将控制等同于消极控制，认为一切控制都是消极的，而在消极的控制之下人们的反控制就是相当自然的和值得提倡的，因此，这些文献力图激起人们对控制的狂热反对，只要能脱离控制，哪怕是一种精神病或神经症式的病态反应都无可厚非。很多深受自由文献影响的人情绪都不太稳定，他们用极端甚至恶毒的语言来抨击行为科学，他们努力压制各种控制，包括一些不导致消极后果或者带来强化后果的控制。斯金纳指出，文化的演进是借助于相互控制来实现的，而取消控制则会扰乱这种相互控制。事实上，好政府的职责正在于控制，因此，我们需要的不是消除任何控制，而是那些带来消极后果的控制，要关注的不是控制者本人，而是控制者实施控制时所依据的相倚联系。传统的自由与尊严文献最初想消除惩罚措施，结果却是助长了它们。因为，它们拒绝一切控制，实际上也将扼杀任何可能出现的重要反控制形式，这种倾向对文化的演化来讲是致命的变异。斯金纳指出，我们的文化已经产生出为自身生存所必需的科学技术与财富，它也在为自身的生存而努力，但是，如果人们不能扭转自由与尊严文献所倡导的错误理念，不将文化的生存作为重要的价值，而固守某种绝对的自由与尊严，那么这种文化有朝一日终将退出历史的舞台，从而让其他种文化存在下去并作出贡献。斯金纳不无讽刺地描述那些所谓捍卫自由与尊严的心灵主义者在文化即将灭亡时的样子：

> 在这种情况下，自由与尊严的卫道士就会像弥尔顿笔下的撒旦，他喋喋不休地告诉自己，我有"一个不为任何地点或时间左右的头脑"，"一个充分全面的自我"，"只要我依然故我，我身置何处有什么关系"。但是他仍然会发现自己身陷地狱，在这里他找不到任何慰藉，唯一能聊以自慰的只能是"在此间我们至少是自由的"这一幻觉。

还有一种非议更加离谱，将今天人类社会所遭遇的不幸和灾难归咎于行为主义。他们认为行为主义使人失去了自由意志和道德责任，引发了谋杀等罪恶行径。斯金纳反驳道，看来对人类行为的科学分析需要为人类的暴力攻击行为承担责任，但是人类的暴力行为自古有之，这不是由任何一种理论流派来承担的，如果有的话，那么它正应该是提倡所谓自由与尊严的传统理论本身。

斯金纳在反驳了诸种批评的基础上，提出了如何完善行为技术。他指出，控制者与被控制者间是互相决定的关系。"人的确是由他的环境控制的，但我们必须记住，这种环境本身却主要是由他自己创造的。文化演进正是人的一种规模宏大的自定控制。"培根的思想对斯金纳影响非常深远。培根曾经说过，唯有服从自然方能支配自然。斯金纳采纳了培根的思想，用辩证的思想来阐述控制者与被控制者的关系，他说："从非常实际的意义上讲，奴隶控制着奴隶主，孩子控制着家长，病人控制着治疗家，市民控制着政府，教徒控制着教会，雇员控制着雇主，而学生控制着老师。"斯金纳以鸽子为例，指出决定实验装置如何设计和使用程序的不是别的，正是鸽子的行为。事实上，一切科学都有相互控制的特征。建设性的反控制能促成人们选择更好更温和的控制手段，那么，它将带来无可估量的益处。安排有效的反控制，会使被控制者对控制者施加一种影响，从而让控制者与被控制者取得一种平衡，可以防止控制者走向极端。

自治是一种使控制者与被控制者达成平衡的途径，控制者也成为其控制的群体中的成员，这样控制者就可以更多地从被控制者角度去思考控制的方案，而不会全然不顾及被控制者的利益，民主社会通常可以做到这一点。因此，可以说，人无时无刻不在控制着他自己，文化也控制着它自身。

文化设计本身就意味着对行为的控制，所以，有时这种控制被认为是违反了道德和伦理。这种责难主要是因为人没有看到其行为的遥远后果在今天发生了作用。在自然性或社会性相倚联系中，人不借助任何帮助很难获得道德或伦理行为。在一个群体中，政府、宗教、教育者通过向民众公布、宣扬和传播法典、法规、格言、谚语以及其他形式的民俗形式，使民众可以不依靠自然或社会的相倚联系作用而自觉满足其需要，但是，人并没有天生的对伦理准则的需求，几乎每个人都会不同程度地表现出不符合伦理的行为，人与动物的本质区别之一不在于人是否具备伦理感或道德感，而在于是否能创造出一个符合道德与伦理准则的社会环境。

他说，将人的功劳归之于道德感，是人们常会犯的心灵主义的错误，事实上，应归功于让其产生行为的社会环境。同样，将人的失败或错误归咎于缺乏道德感也是错误的，比如，极权国家、贩卖毒品、个人的极端暴力行为，都不是存在道德上的错误，而是这一切行为都会导致消极的后果，这些后果往往是延迟发生的。文化的主要作用在于把个人置于其行为的遥远后果的控制之下。行为科学正是要通过文化设计来揭示行为与延迟发生的后果间的关系，让人们能认识到行为与其遥远后果间的清晰关系，从而描画出一个道德和伦理的美好世界。因此，要让人类社会取得进步与发展，要构建一个道德和伦理美好的未来世界，不是要减少甚至取消控制，而是要对文化进行有意识的设计，要有意识地控制人的行为，而单凭生物发展与文化的自身发展是达不到这个目的的。灭绝的物种与灭绝的文化的存在，提示我们物种与文化的自然演化进程并不总是走向强盛的，有时是趋于灭亡的，甚至在稳定的条件下，物种也可能获得某些非适应性的或适应不良的特征。例如，当人们的某种行为被随之偶然出现的强化物所强化时，就受到迷信的影响，而这种行为有时是消极的或毁灭性的，会带来灾难性的后果。这就更说明了对人的行为控制以及文化设计的必要。

一种文化是否具有强大的生命力，能在多大程度上决定自身未来的命运，是更强盛还是将趋于衰弱。斯金纳提出，一种检验方法就是看它如何处置闲暇问题，因为，闲暇是自由的一种高度表现形式。显然，当一个社会的经济发展达到相当的水平，足够富裕，才能够广泛支持人们进行休闲，进入到休闲层次的人，通常是为所欲为的，也将会无所欲求，不需要做任何事。这时任何一种旨在控制其行为的做法都会被指责为干涉自由，遭到人们的攻击，此时，文化的生存就面临挑战，但这也正是文化设计者的用武之地。

追求闲暇对人们有着强大的强化作用，每个人都想过着无所事事的生活，为所欲为，无忧无虑，这种自由主义者的追求，其实是每个人的追求目标。但是，仔细考察就会发现，人其实只乐于享受短时间的悠闲生活，如果长期无所事事，将会产生无聊和厌烦等问题，原来强有力的强化物强化效果变得微弱，而另一些较弱的强化物将取而代之。如果文化可以设计出适当的强化安排表，就可以使弱强化物也能变得有力起来，通过这种方法，闲暇的人们仍可以实施有利于文化生存的行为，这样的文化就是有着强大生命力的文化。

三、人的自由与尊严

斯金纳以行为主义原理为基础，通过动物实验，来推论人类行为，研究人类行为的规律，用以对人类的普遍行为施加控制。这种控制学说，受到肯定的同时，也遭到来自各界的众多批评，尤其是提倡民主、自由的人士。人是具有自由意志的人，还是环境的奴隶？对人行为的改造与控制是否侵犯了人的权利？行为科学家们是否有权控制人的行为？这些问题已经超出了心理学的范畴，而进入哲学和伦理学的领域。为了反驳人们的批评，1971 年，斯金纳的《超越自由与尊严》一书问世，在书中，斯金纳详细回答了上述问题。

心灵主义的诟病

谈到人的自由与尊严，会不可避免地涉及人的本质。在斯金纳看来，人的本质就是人是环境的产物。可以说，这是行为主义的理论基石，以华生为代表的行为主义之所以被称为一场革命，就是由于它是对传统观念的一种挑战。在《超越自由与尊严》一书中，斯金纳首先全面清算了传统人文研究中的种种弊病与偏差。他指出传统的人文研究所取得的进步远远不能与自然科学研究相比，其根本原因就在于，传统的人文研究陷入了心灵主义，这是研究方法上的重大偏差与错误，这导致了对人的本质的错误认识，以及对于自由与尊严的错误认识。

斯金纳沿着行为主义者的路线，指出心灵主义是错误的、荒唐的，也是有害的。这种人文研究传统最早可追溯至古希腊的柏拉图、苏格拉底和亚里士多德，一直到冯特、弗洛伊德等人。几乎所有的人，已经不止是心理学家，还包括哲学家、文学家、社会学家、政治学家、教育家以及心理治疗学家，都将人类行为归结于意志、意图、目标、情感、动机等内在的心灵主义的因素，即使在物理学和生物学的早期，也曾经将目的与动机等内在动因付诸事物。比如，曾经有种理论荒唐地认为，一个自由下落的物体之所以不断加速是因为它发现自己越来越接近自己的家园，因而变得越来越愉快。好在物理学与生物学最终还是摒弃了这种非科学的研究方法，而人文科学的研究依然停留在两千五百年以前的水平，依然在争论关于人的心灵本质的棘手问题而至今无果。斯金纳不无痛心地指出，在今天的报纸、杂志以及书中，充斥着并占主导地位的是态度、责任感、情感、自尊、信任、价值等一系列心灵主义的术语，人们热烈地讨论着这些概念与词语，几乎并不怀疑其合理性，但是这些问题从来没有被讨论清楚，这是因为这种方法的错误。在斯金纳看来，这些心灵主义的东西看不见、摸不着，由于人们无法解释看到的人是如何行为，以及为什么会如此行为，就将他的行为归因于一个看不到的人，即"内在人"（innerman）的概念，而从人的行为体现出的"外在人"（outer man）可以根据"内在人"来进行解释，"外在人"是受"内在人"控制的。斯金纳指出，这种立论是十分脆弱的，因为"内在人"似乎可以提出一种解释，但这种解释就停留在"内在人"了，问题是如何解释"内在人"呢？心灵主义得不出任何科学的结论，因为人们无法对一个人的主观心理活动进行客观的验证，任何解释都不免包含推测和臆断，于是只能陷入玄学。相比之下，自然科学的研究摒弃了主观臆断和推测的方法，采用客观的观察、实验等科学方法，根据客观变化事实发现其运动规律，而不考虑事物在运动和变化时其主观态度和想法，因此，自然科学才能取得飞速的发展。人文研究要想取得与自然科学那样的进步，就必须摒弃心灵主义的研究方法，发展出一门能对人的行为进行客观分析的行为科学。

人的本质

斯金纳认为，在相当长的一段时间里，人们对人的本质有相当多的误解。心灵主义者认为人是自主人，或称为内在人。他们将人的行为归因于知觉、注意、思维、美德等主观因素，都忽视了环境对行为的作用。第一个提出环境在决定行为方面起着主动作用的是笛卡儿，后来巴甫洛夫通过动物实验证实有机体的动作实质是应对刺激的一种反应，这种反应包括无条件反射和条件反射。而斯金纳的行为理论沿着华生、桑代克的路线前进得出重要结论，那就是有机体的行为不仅受行为发生前环境中刺激的影响，而且还受这种行为结果的影响，而后者在某种意义上决定了有机体的行为。因此，人们可以对环境加以控制，而这将使传统的做法再也站不住脚，而那些顽固坚持传统做法的人则要反对这种变革，并且提出强烈反对的原因在于这种变革侵犯了人的自由、尊严与价值。

斯金纳在书中指出：

> 我们可以按照物理学和生物学的途径，直接探讨行为与环境的关系，而不去理睬臆想的心理中介状态。物理学的进步并不是因为更直接地观察下落物的喜悦，生物学也不是因为观察生命精神的本质而取得进展。而且，我们也不必试图通过发现什么自主人的人格、心理状态、情感、个性特征、计划、目的、意

图或别的特点，来推进一种新的科学的行为分析。

斯金纳指出，在人类历史上从自主人到环境决定人，这种转变是相当困难的，最早的环境论者只有热忱，没能取得很多成就，如果仅停留于此，就不会有多大的收获，因此，更重要的是要研究分析环境是如何对人施加影响的。

斯金纳举出了一些例子来说明环境是如何取代自主人的功能和作用的。比如攻击，常被认为是源于人的好战心理、好战性格，但事实上，比此更具解释力的是攻击行为其实是生存性相倚联系和强化性相倚联系的共同产物。再比如，勤劳与懒惰等人格特征完全可以用遗传特质以及环境中的相倚联系来解释，即这种勤劳与懒惰的行为是按照怎样的强化表而得到强化的。对于心灵主义所认为的"注意"这种认知活动来讲，并不是人的主观有个内在人，这个内在人选择外界的某种刺激让其进入，同时又将其他刺激排斥在外，但行为科学对环境的分析正好与此相反，认为是作用于人的相倚联系决定了人选择什么样的刺激来作出反应。而传统的心理学所强调的思维，不是认知能力的产物，而是一种以相倚联系为基础的特殊环境的产物。人们常指责行为科学忽略了人的自我认识，而斯金纳指出，行为科学不但没有忽略意识，而且还很强调意识的一些关键问题，所以，问题不在于人是否能认识自我，而在于人在认识自我时认识些什么。

在斯金纳看来，人在认识自我时，存在着一些私人性的问题，但这些私人性并不代表人的内部世界与外部世界有着本质的差异。这两者之间的确存在差异，但这种差异只在于可接近性的程度不同，私人性可使认识者能够更接近他所认识的事物，但同时也会阻挠和干扰他所认识的其他事物。有一些自然相倚联系支配着人们去学习在私人性刺激发生时如何作出反应，而且可以产生非常精确的行为。但是，斯金纳认为，这些行为并不是意识的结果，与意识没任何关系，人们在作出这些行为时，大部分时候都没意识到造成这些行为反应的那些刺激。人类之外的其他物种也具有类似的刺激，但我们并没有给它们加上"意识"的标签。

　　传统的心理治疗理论向来注重意识，而在斯金纳看来，意识所发挥的作用其实并非如此。首先，意识是无用的。病人缺乏意识并不是其疾病产生的部分原因，而且当其有这种意识时也不一定会采取某种补救行为或适应性的行为，意识显然对其疾病的治愈无益。而且，意识其实还通常会妨碍人的行为，比如，一个技艺娴熟的钢琴家如果总是清楚地意识到自己的弹奏行为将无法完成一次精彩的弹奏。持续不断的自我省察本身就是一种妨碍，而文化却经常接受人们的拷问，它在多大程度上鼓励人们去自我省察却成了评价文化的重要标准之一。历史上以探讨人的本性著称的苏格拉底就是这样备受人们的称赞，然而，这是一种误解。自我省察的作用，取决于它能带来多少有效和适应性的行为，取决于它在多大程度上帮助人们满足相倚联系的要求。因此，只有强化性相倚联系才能发挥所宣称的只有意识才能起到的作用。

　　关于自主人的最后一个堡垒就是思维问题了。斯金纳对传统的心灵主义所主张的这种复杂的认知活动，用行为主义的术语逐一加以重新定义。所谓人对颜色的辨识，其实不过是人对不同颜色的刺激的不同反应过程。所谓对事物形成了概念，其实不过是对一种单独的刺激形成了一种固定的反应。所谓回忆，不过是一种刺激引起了在另一种刺激下形成的某种反应。

所以，自主人理论所说的辨识、回忆、概念形成过程，虽然不是外显行为，但都不过是刺激和反应的不同形式的联结，是相倚联系与行为间的不同关系形式。问题解决是思维中与行为联系最紧密的部分，问题解决通常会与外显的行为相关，即使富有创造力的艺术家在问题解决过程中可能会采取隐蔽的行为，但通常在大多数情况下，这种问题解决的学习是公开进行的。文化中都存在着大量专门的相倚联系以促进思维的发展。思维中的自我控制与自我管理，作为一种特殊的问题解决的行为，还没有被行为科学家们进行充分和有成效的研究，但并不能因此而退回到心灵主义，为再度求助于玄妙的东西而远离科学。

传统的内省法和生理学都不能充分解释人的内在发生了什么，它们使人们忽视了对环境等外在因素的关注。而究其原因，内在人的错误理解主要因为人们认为有许多东西是贮存在人身上的。比如，本能是进化史在人身上的贮存，习惯是个人史在人身上的贮存，技能、性格特征、见解、自我、品质、德性等也是在人身上的贮存物，而事实上，这些贮存物只是在环境中相倚联系作用下发生的行为的副产品，当人们称某人勇敢时，并不是他的行为体现了这个性格特征，而是环境状况使他能够表现出勇敢的行为，不是环境在这个人身上灌输了勇敢这种性格特征。所谓自我，其实质是与一系列相倚联系相对应的行为序列，不同的相倚联系集合会造就两种或两种以上的行为序列，即两种或两种以上的自我。

关于人的本质，斯金纳指出，巴甫洛夫看到人与狗的更多相似，已经是一种进步，也就是说，在人的本质问题上，斯金纳不是像前人那样关注的是人与神这玄妙未知物的共性，而是更多地认同人与动物的共性。早期的行为学家不仅关注人与动物的共性，而且关注人与机器的共性，他们甚至宣称人就是一台机器，一种机械运动的装置。斯金纳指出，传统的自主人、内在人、小人正在被行为科学家们所质疑，它们是因为我们的无知被虚构出来的，也必然会被取消。

在《超越自由与尊严》一书中，斯金纳批判了传统文献对于自由、尊严与价值的误解。他指出，人没有绝对的自由与尊严。

人没有绝对自由

斯金纳指出，人不存在绝对自由，所有的人都无时无刻不在受着环境的控制，这体现在环境中刺激与行为结果的双重影响。也就是说，人的行为都处于各种相倚联系之中。人们通常所说的自由，不过是摆脱了令人反感的、有害的事物或不利的控制，并非摆脱了一切控制。所以，行为科学的使命在于避免和改变环境中那些不良的控制因素，促进并完善那些有益的控制。总之，控制是无法逃离的，也无须逃离，它存在于人类生活的每一个瞬间，因此，人没有绝对自由，但有相对的自由。

传统的研究自由的文献，包括书籍、讲演、小册子等，其目的是要劝导人们摆脱或攻击那些控制他人的人，要引导人们行动起来摆脱各种蓄意的控制。因此，这些文献不是传授一门自由哲学，而是引导人们行动起来，以及采用何种行动方式。这些文献往往提倡削弱和消灭控制者的力量，而不是逃避。这类文献把自由定义为"人为其所欲为的权力"，同时强调自由是人们对自由状况的一种感受，也就是说，所谓自由，是拥有可以为其所欲为的权力，是感到自由，是"错误地用心理状态或感情来划定自由的意义"，是反对一切蓄意的控制。这种对自由的定义其实是有失偏颇和让人走入误区的。

斯金纳认为，传统的研究自由的文献很少研究那些并不导致逃避行为或反击行为的控制技术，那些并不令人反感的控制技术往往被忽视了，这些揭示了关于自由的真谛，那就是所谓为所欲为的自由是不存在的，人并没有绝对自由，人无时无刻不被控制，自由其实是指不存在令人厌恶的控制。而自由文献中，人们对于不令人反感的控制即积极的控制态度上是不确定的，所有针对非厌恶性措施的那些反控制行为也是不确定的，这是因为传统自由观不能真正有效地帮助人们认识并摆脱那些不利后果被推迟了的或被掩盖了的刺激。比如，任何人都会反对政府用囚犯做强制性的药物实验，但如果政府以减刑等诱使囚犯自愿接受实验，传统自由观就可能使人感到茫然而不知道是否该加以反对。但也有例外，自由文献中最伟大的人物之一卢梭基于对人的美德的信任，提倡对人的绝对控制，但这并不能保证权力不被滥用。很少有人持有卢梭那样宽容的立场，而更多的人走向了另一个极端，即认为一切控制都是有害的，都是错误的，他们主张人要反对一切控制，所有的控制都应该避免。这些谬误不但导致了人文研究的非科学性，而且也让人类难以有效解决各种社会问题。

　　斯金纳指出，问题在于，要使人们摆脱的不是所有的控制，而是某些令人厌恶和有害的控制。比如，在上述例子中，行为科学者就会立即指出政府对囚犯的行为，不论是强制还是引诱，都应该受到反对，因为它都是对人施加一种可能产生严重不利后果的刺激，都是一种对人不利而有害的控制。另一方面，不需要摆脱所有的控制，因为有些来自社会环境的控制是对人有益的，我们要做的"不是将人类从控制中解脱出来，而是去分析和改变他们置身于其间的种种控制"。他认为，对我们人类生存的环境从文化上予以重新设计并实施积极有效的控制，也才是解决人类各种社会问题的正道与唯一途径。

人没有绝对尊严

在斯金纳看来，与人没有绝对自由一样，人也没有绝对尊严。人之所以自认为有神圣的尊严，是因为人自认为人类文明的一切成就都出自人的自由意志，是人创造出来的，但事实上人没有绝对自由，人的行为不过是由环境中的各种相倚联系作用决定的，因此，人也没有绝对尊严。斯金纳分析了尊严的实质，他认为尊严其实是与人所获得的褒奖相关的，即与正强化相关，当一个人受到表扬和奖励，他就会感到很有尊严。但是，行为科学者却揭示了人的行为都主要由外界环境引起，这就意味着人不应该获得任何奖励，而人的绝对尊严也就根本不存在。

当我们去考察传统的关于尊严的文献时就会发现，一个人的尊严与其所获得的奖励有关，而获得奖励以及获得奖励的数量与行为原因的可见性有直接关系。当原因很明显时，其行为往往不被奖励，比如，一个因为本能而作出的行为，即使对别人有利，也很少受到表扬；再比如，受到明显的厌恶性控制作用而产生的行为也通常与奖励无缘，比如卑躬屈膝的人，不管其行为有多大的价值，得到的奖励也很少。当行为没有明显的原因时或当一个人有明显的原因进行某种行为却反其道而行之时，通常会得到人们慷慨的奖励。比如，不求回报的感情，不迎合时尚的艺术作品，或者是受到迫害仍忠于事业等。另外，人们赞扬得更多的是不需他人监督而作出善意行为的人，而不是那些需要别人监督才可以这样做的人。正是由于褒奖与原因的易见性之间的这种特殊关系，人们都千方百计掩盖所受到的控制，以此获得荣誉。

传统关于尊严的文献力图维护人们应得的荣誉与奖励，同时，反对包括行为技术在内的技术进步，因为这些进步会妨碍人们受到荣誉与奖励，从这个意义上说，尊严文献与自由文献一样，都成了人类进步与发展的障碍。

关于价值

斯金纳对自由与尊严的论断，仍然源自行为科学者对环境作用的强调，似乎在人与环境的关系中，人是被动的，被环境所控制的。但斯金纳指出，环境并不是不可以改变的，人不只是被环境所控制，其实他也是控制者，这主要是通过对环境的改变与控制来实现对他人或自己的控制。那么，这种行为控制技术可以由谁来运用，运用的目的如何，怎样的控制效果是好的，怎样的控制效果是不好的，如何评价生活的好坏与社会的进步。这些与价值相关的问题在传统人文研究者看来似乎已超出了科学研究的范围。斯金纳进一步分析和批驳了传统人文研究关于价值的理解。

首先，传统人文研究对事实判断与价值判断的划分走入了一个误区。在传统人文研究看来，人应该做什么，这是一种价值问题，不是对事实提出疑问，而是对事实的感受提出疑问，科学根本无法解答这类问题。传统的人文研究划分两种判断，即事实判断与价值判断，并且认为事实判断是关于某一客观事实真假的判断，而价值判断则是关于某一行为是否应该的伦理判断，前者有客观标准可以加以验证，后者没有可以验证的答案，因此不是科学研究的范畴。斯金纳指出，这种关于事实判断与价值判断的划分本身就是错误的。人们对事实有何感觉，

146

以及感觉事物的意义是什么，这样的价值判断其实质仍是关于事实的判断，是行为科学可以也必须回答的问题。事实当然不同于感觉，但人们往往忽略的是，感觉本身也是一种事实，更准确地讲，人们对事实的感受只是一种副产品，是人们对事实采取何种行动的副产品，并且，只有去研究与行为相关的相倚联系，才能真正理解人们的行动。任何道德规范也只不过是客观的相倚联系的反映。比如，"你应该诚实"这句价值判断实际上是陈述一个事实，即你如果诚实，就能得到很多正强化；而"你不要偷"这个道德或法律的规范也是陈述一个事实，即你如果偷，就会受到惩罚。因此，价值判断和道德判断都应属于科学研究的范畴，我们依然可以用科学研究的方法来研究价值判断。

其次，斯金纳反思了传统人文研究判断价值时依据主观感受这一标准的谬误之处。传统人文研究认为，感觉好的东西就是有价值的，感觉不好的东西就是没有价值的东西。但斯金纳指出，这种考量是错误的，因为在不同情况下人对同一刺激的感觉并不一定一致，因此，主观感觉不应成为判断价值的标准。而究其根源，人们认为好的东西不过是可以导致正强化的东西，即正强化物；同理，坏的东西不过是负强化物。在现实生活中，人们用语言来反映这种强化性相倚联系，把一切会受到正强化的行为称为"好""善"的，把一切会受到惩罚的行为称为"坏""恶"的。人不是因为感到忠诚才支持自己的政府，而是政府安排了特殊的相倚联系使他效忠。传统的人文研究却误认为人们关于好、坏、善、恶的表述，是内心的一种道德观念或价值观念，这就陷入了心灵主义的窠臼。因为道德和法律等主观的东西也都是对相倚联系的一种表述，"一个人之所以遵守一条准则或一条法律，只是因为准则或法律代表着相倚联系，而那些制定准则或法律的人通常还要提供附加的相倚联系"。

通过斯金纳的行为控制理论、文化设计以及对于人的自由与尊严的阐述，可以看到，他一生的理想不仅局限于心理学。他在心理学领域的探索是为了找到人类行为的发生规律，从而找到控制人的行为的规律。在斯金纳看来，最重要的终极目的，是将这些行为控制理论应用到社会生活中，解决人类社会中各种问题，这是唯一正确的路径，是不容置疑的。斯金纳还将他的理想蓝图通过小说《沃尔顿第二》表达出来，可以说，那是人类思想史上的又一个乌托邦版本。

斯金纳对他的行为控制理论与文化设计始终持有相当的乐观，但也始终有着忧患意识。1963 年 8 月 5 日，在笔记中他这样写道：

一个时代的终结

昨天晚上，德博拉和我参加考克斯在他们花园中举行的小型音乐会。会上有一群年轻人，他们大都是过去和现在的哈佛大学和拉德克利菲大学的学生。他们唱拜奥德谱写的弥撒曲。那是一首叫 Cappella 的弥撒曲，它的诵词对多数唱歌的人来说是再好不过的。颂歌唱得也很好。那个晚上过得很愉快。云朵在天际飘浮而过，其中一朵浮云很快地弥漫开来，变成一阵阵迷雾。在花园中有一片圆形的草地，四周围绕着灌木和稀落的古树。碧绿的树枝中有六盏灯花照亮着。几只小猫在草地上嬉耍。我们坐在叠椅上，三五成群。除了几架喷气式飞机偶尔掠空而过外，夜空清静，音乐悦耳。主啊！怜悯我们。我忽然想起了《沃尔顿第二》和B小调弥撒赞歌的景象。我还想到，这种安谧的、美好的、敏感的欢乐，或许正在这种乐音的急奏声中濒于终结。这是一种流水般的音乐，顺着泰晤士河漂流而下，归入大海。我为什么竟会想到这些呢？

考克斯可能已经对这个问题作过了回答。在我临走向她道别时，她指着那个指挥乐队的青年人对我说："你瞧，他认为你是一个可怕的人。教学机器……一个法西斯主义者……"

在斯金纳看来，人类生活的唯一希望就是关于人类行为的科学以及从这种科学引出的技术，如果由于误解人类行为的科学而不参加实践，将是可悲的，人类将是没有希望的。

面对一些人的误解与批评，满怀救世理想的斯金纳颇有种为信仰牺牲的情怀。在人类发展的历史长河中，如果能换来人类的文明与进步，个人的成败得失又算什么呢？斯金纳对中学时读过的格雷的一本书印象十分深刻，他到晚年时还记得这本书的书名是《植物是怎样生长的》，其中有一段话他抄了下来，记在笔记本中，保存了十五年。那段话谈到一种叫萝葡的植物，斯金纳很欣赏其中的诗意，认为这段话揭示了个人在万物的自然设计中究竟处在什么样的一种适当位置上，这段话如下：

因此，这种二年生植物的根部逐渐变粗加重，成为营养物质的储藏室，人类和动物喜欢把它用作食物。在根部，这种植物（它的花朵和外形没有什么夺目之处）把它在整个夏季通过劳动积存的东西，以淀粉、糖和其他富有养分的香甜产物的形式贮存起来。目的何在呢？明年生长期到来时，目的自明。那时，由于这种营养物的大量贮藏，植物的新芽会很快地茁壮成长，分成枝叶，花朵盛开，种子成熟。所有这些，全都是由于根部所收集起来的营养的消耗。当枝叶茂盛花果累累时，根部却已是重量减轻，内里空虚，而且已经死亡；待到果实成熟时，整株植物也同根部的命运完全一样，归于乌有。

斯金纳在自传中的这两段话也仿佛是他自己的写照，他也正像这株植物一样，把一生的心血都奉献给了行为主义。当他离开这个他深爱着又深深忧患着的世界时，行为主义这棵大树已经叶茂深根，长成参天大树，继承他衣钵的后来人还在继续捍卫和发扬光大行为主义。与此同时，连他自己也预见到了，一个时代终结了。但是，即使反对行为主义者也不得不承认斯金纳的理论与思想对美国心理学界乃至世界心理学界所产生的深远影响，斯金纳是 20 世纪美国和世界心理学界最响亮的名字。

附　录

年　谱

1904 年　3 月 20 日，出生于美国宾夕法尼亚州的苏斯昆哈那小镇。

1910 年　在父母就读过的学校开始上小学。

1914 年　制作"藏身箱子"，从此把自己引入了"箱子"的世界。

1922 年　进入汉弥尔顿学院，主修英国文学。

1926 年　从汉弥尔顿学院毕业，获得学士学位；开始在家里从事一年多的写作。

1927 年　秋，进入哈佛大学攻读心理学，成为著名心理学家波林的学生。

1929 年　巴甫洛夫在哈佛大学医学院召开的国际生理学会上发表演讲，斯金纳深受影响。

1930 年　提出某些行为不一定是经典条件作用，而是由特定刺激引起的。

1931 年　获哈佛大学哲学博士学位；6 月，得到哈佛大学的资助。

1934 年　被哈佛大学聘为研究员，做了三年。

1936 年　与布卢结婚。

1937 年　秋，被聘为明尼苏达州大学副教授；在《普通心理学杂志》上发表题为《两种类型的条件作用》的论文，第一次提出了"操作性"这个概念。

1938 年　《有机体的行为》一书出版，第一次系统地表述了操作行为理论体系。

1945 年　任印第安纳大学心理学系主任；发表题为《心理学术语的操作分析》的文章。

1946 年　春，在印第安纳大学发起关于行为的实验分析的第一次年会。

1947年　返回哈佛大学，任威廉·詹姆士讲座的主讲。

1948年　被哈佛大学心理学系聘为教授；小说《沃尔顿第二》出版；移居剑桥。

1949年　第一次提出了"强化的相倚联系"这一概念；运用这项技术治愈了一名印第安纳州学生的精神病。

1950年　《学习理论有必要吗》一书出版。

1953年　《科学与人类行为》出版；建立一个小实验室，专门研究如何运用操作行为理论治疗精神病人；访问二女儿德博拉所在的私立小学，发现当时教育的弊端，从而引发后来的"教学机"运动。

1954年　于匹兹堡大学发表题为《学习的科学与教学的艺术》的论文，提出创造和运用"教学机"的设想。

1955年　夏，在麦安纳的莫海干岛上的别墅里为《美国学者》杂志的专题撰写《自由与人类的控制》一书。

1956年　与人本主义心理学家罗杰斯在《科学》杂志上展开了辩论。

1957年　《言语行为》《强化程序》两本书出版。

1958年　在《科学》杂志上发表题为《教学机》的论文；被美国心理学会授予杰出科学贡献奖。

1959年　论文集《累积的记录》出版。

1960年　《行为分析》出版。

1963年　在《科学》杂志上发表《年适五十的行为主义》一文，对行为主义理论尤其是自己的操作行为主义理论体系作了概括和总结。

1968年　《教学技术》出版；获美国政府授予的最高的科学奖励——国家科学奖。

1969年　《强化相倚联系理论分析》出版。

1971年　被美国心理学基金会授予一枚金质奖章；《超越自由与尊严》出版。

1974年　退休；《关于行为主义》出版。

1976年　《人的生活细目》出版，介绍早期的生活细节。

1977年　在《纽约科学院年鉴》上发表题为《操作行为的实验分析》的

论文。

1978 年　《关于行为主义和社会的沉思》出版。

1979 年　《一个行为主义者的成长》出版，叙述作为一个行为主义者的形成经历。

1983 年　《里程碑》出版，介绍了其生平事迹和学术思想。

1984 年　写作《美国教育的耻辱》一文。

1987 年　《关于更多的反射》出版。

1989 年　《行为分析中最近的问题》出版。

1990 年　8 月 10 日，在美国心理学会第九十八届年会上被授予心理学毕生贡献奖。

1990 年　8 月 17 日，完成了为《美国心理学家》杂志撰写的其生前最后一篇论文《心理学能够是一门关于心理的科学吗》。

1990 年　8 月 18 日去世。

主要著作

1. 1938 年，《有机体的行为》出版。

2. 1948 年，《沃尔顿第二》出版。

3. 1950 年，《学习理论有必要吗》出版。

4. 1953 年，《科学与人类行为》出版。

5. 1957 年，《言语行为》《强化程序》出版。

6. 1959 年，《累积的记录》出版。

7. 1960 年，《行为分析》出版。

8. 1968 年，《教学技术》出版。

9. 1969 年，《强化相倚联系理论分析》出版。

10. 1971 年，《超越自由与尊严》出版。

11. 1974 年，《关于行为主义》出版。

12. 1976 年，《人的生活细目》出版。

13. 1978 年，《关于行为主义和社会的沉思》出版。

14. 1979 年，《一个行为主义者的成长》出版。

15. 1983 年，《里程碑》出版。

16. 1987 年，《关于更多的反射》出版。

17. 1989 年，《行为分析中最近的问题》出版。

参考书目

1. ［美］斯金纳著，谭力海等译：《科学与人类行为》，华夏出版社，1989 年。

2. ［美］斯金纳著，陈维纲等译：《超越自由与尊严》，贵州人民出版社，2006 年。

3. ［美］斯金纳著，陈泽川译：《斯金纳（B. F. Skinner）（自传）》，《河北师范大学学报》1979 年第 3 期。

4. 乐国安：《从行为研究到社会改造——斯金纳的新行为主义》，湖北教育出版社，1999 年。

5. 张厚粲：《行为主义心理学》，浙江教育出版社，2003 年。

6. 乐国安：《论新行为主义者斯金纳关于人的行为原因的研究》，《心理学报》1982 年第 3 期。

7. 乐国安：《斯金纳的心理学研究方法》，《心理科学通讯》1982 年第 3 期。

8. 乐国安：《从华生到斯金纳——新老行为主义者的比较》，《外国心理学》1982 年第 2 期。

9. 乐国安：《论斯金纳的"行为技术学"》，《心理学探新》1982 年第 2 期。

10. 车文博：《西方心理学史》，浙江教育出版社，1998 年。

11. 伍麟，车文博：《斯金纳激进行为主义的一个理论特色及其反思》，《心理学探新》2001 年第 4 期。